색을 만드는 요술쟁이

대한과학진흥회 엮음

스완미디어
SWAN MEDIA

책 머리에

오늘날 우리들은 고도로 발달된 과학 문명의 혜택 속에 살고 있습니다.

우리의 선진 조국 창조를 위해 무엇보다 중요한 것이 과학 기술의 개발입니다. 특히 자원이 부족한 우리나라에서 가꾸어야 할 유일한 자원은 과학 기술로 무장한 풍부한 인력 자원입니다.

대한 과학 진흥회에서는 배우는 학생들을 위해 사물을 깊이 관찰하는 습관과 합리적이고 창의적인 과학적 사고를 심어 주기 위한 방법의 하나로 과학 문고를 엮어 내고 있습니다.

과학 문고를 펴냄에 있어서 딱딱한 과학지식을 그림을 곁들여 쉽고 재미있게 이야기로 풀어 써서 학생들이 스스로 원리를 발견하고 재미를 느끼게 함으로써 과학의 여러 분야에 대하여 흥미를 갖고 접근할 수 있도록 하였습니다.

이 책과 더불어 많은 학생들이 과학에 깊은 관심을 갖고 탐구심과 창의력을 기르며 과학을 생활화 할 줄 아는 사람이 되는데 많은 도움이 되었으면 하고 바라는 마음 간절합니다.

기획편찬 **대한과학진흥회**

차례

빛이란 무엇일까?

캄캄한 밤이나, 아니면 눈을 꼭 감은 채 길을 걸어본 적이 있습니까?

무서움은 둘째로 치고, 여러분은 당장 눈앞의 물건에 걸려 넘어지거나 이마를 부딪치고 말 것입니다. 빛이 없기 때문이지요.

만약 빛이 아예 없다면 어떤 일이 벌어질까요? 지구는 아무 생물도 없는 암흑덩어리에 불과할 것입니다. 왜냐하면 모든 생물체의 기본 먹이가 되는 식물조차도 빛이 없으면 살 수가 없기 때문이지요. 이처럼 빛은 모든 생물체에게 없어서는 안 되는 가장 중요한 것이랍니다.

이러한 빛을 과학적으로 설명하려면 빛을 느낄 수 있는 감각기관인 시각을 함께 이야기해야 합니다. 물리학에서의 빛은 우리 눈의 시신경을 자극하여 빛을 느끼게 하기 때문입니다.

창문에 두꺼운 커튼을 두르면, 방안은 밤이 아닌데도 어두워집니다. 그러나 커튼을 젖히거나 불을 켜면 방안은 다시 밝아집니다. 이처럼 빛과 어두움을 느끼는 감각기관이 바로 눈입니다.

태양이 있는 낮에 활동하는 동물들은 이 눈의 사용도가 매우 큽니다. 그러나 밤에 활동하는 동물은 대개 눈이 매우 작거나, 아예 퇴화해 버린 것이 대부분이어서, 눈으로서의 보는 기능을 제대로 사용하지 못합니다.

우리 나라에서도 유명한 고수동굴이나 만장굴 등 깊은 동굴 속에서 살아가는 생물들은 눈이 거의 퇴화해 버려서 겨우 그 형태만이 있을 뿐입니다. 왜냐하면 동굴 속에는 빛이 없기 때문에 빛에 의해 물체를 본다거나 먹이감을 찾을 수 없기 때문입니다. 이러한 생물들은 대개 초음파나, 아니면 잘 발달된 더듬이를 이용해서 물체를 분간합니다.

그 밖에도 지구 위에 있는 모든 생물들은 빛의 영향 아래에 있습니다.

이제부터 빛에 관한 여러 가지 과학적인 사실을 실험을 통해 알아보기로 합시다.

빛은 어떻게 시작되었을까?

사람들은 대개 빛과 불을 같은 것으로 생각합니다. 사전에서 '불'을 찾아 보면, 물질이 산소와 화합해 열과 빛을 내며 타는 현상이라고 풀이하고 있습니다.

이 풀이에서도 알 수 있듯이 빛의 근원은 불이라고 말할 수 있습니다.

창조설을 말하는 성경에서는 '하나님이 가라사대 빛이 있으라 하시매 빛이 있었고' 라고 말하고 있습니다.

그러나 과학자들은 태양으로부터 빛이 시작되었다고 말하고 있습니다. 태양은 태양계의 중심을 이루는 불덩이 별로서, 지구상에 빛을 보내 주는 근원지라고 할 수 있습니다.

빛의 근원인 태양은 지구의 크기보다 130만 배나 크며 표면에서는 약 6000℃의 열과 빛을 내뿜고 있습니다. 지구와의 거리는 평균 1억 4천 945만 킬로미터나 되는 상상할 수 없을 만큼 먼 거리에 있습니다. 그러나 태양이 비추는 열과 빛에 의한 부근은 평균 20도나 되는 높은 온도를 갖게 되었습니다.

옛날 고대에는 이렇듯 태양열과 빛 덕택에 만물이 자라는 것을 신기하게 여긴 나머지, 태양을 신으로 숭배하는 신앙이 각 나라마다 있었습니다.

우리들이 잘 아는 피라밋은, 이집트의 왕을 '태양의 아들(파라오)' 이라고 믿은 데서부터 건축이 시작되었습니다.

또한 남미의 잉카 아즈텍도 태양신을 믿었습니다. 과학이 눈부시게 발달한 현대에 이르러서는 이러한 고대의 신화나 신앙은 없어졌지만, 어쨌든 태양 덕택으로 모든 식물이 자랄 수 있다는 것만은 변함없는 사실입니다.

그러나 만약 이러한 빛이 지구에 전달되지 않는다면 지구에는 어떤 현상이 일어날까요?

한낮인데도 태양빛이 완전히 사라져버리는 경우는 간혹 있습니다. 그것을 일식이라고 합니다. 이 현상은 태양과 지구 사이에 달이 끼어들어서, 달에 의해 태양이 가려지기 때문에 생기는 것입니다. 이럴 때 지구는 잠시 동안 한밤중보다도 더 깜깜해집니다. 그러나 달의 공전으로 태양은 금세 그 빛을 다시 온 천하에 비춥니다.

이런 일식의 경우, 태양이 몇 시간 정도 보이지 않는 현상이지만 태양이 완전히 가려지는 것은 아니어서 그 테두리는 밝게 보인다. 그러나 만약 달이, 영영 그 자리에서 움직이지 않는다면 지구에는 엄청난 변화가 생길 것입니다.

마루밑 같은 데서 싹이 나온 식물이 햇빛을 쬐기 위해 엷은 초록색 줄기를 길게 뻗치고 있는 모습들을 보면 잘 알 수 있을 것입니다.

태양 광선이 없으면 식물이 영양분을 만들 수 없을 뿐 아니라 공기 속의 산소도 줄어들게 됩니다.

스모그현상으로 태양 광선이 줄어들고 공기나 물이 더러워지게 되면 결국 식물이 모두 죽게 됩니다. 그렇게 되면 먹이 사슬로 인해 동물들도 굶어죽게 되고 생물체라곤 지구 위에 아무것도 남지 않게 될 것입니다.

지구 위의 모든 생물은 20억 년 전에 바다 속에서 최초의 생명으로 태어나, 20억 년에 걸쳐 진화해 온 결과라고 합니다. 그러나 태양빛이 없다면 20억 년 전으로 되돌아간다 해도 진화라는 것은 있을 수가 없을 것입니다.

정말 태양빛이 없다면 지구는 암흑 속에서 지금까지 그대로 굳어 있었을 겁니다.

발광체와 비발광체

발광체는 제 몸에서 스스로 빛을 내는 물체를 말합니다.

우리에게 빛을 주는 태양도 스스로 빛을 내는 발광체입니다. 그리고 전등의 빛나는 부분, 촛불과 가스의 불꽃도 모두 발광체라고 할 수 있습니다.

달, 달은 밤하늘에 환히 빛나고 있습니다. 그렇다면 달도 해처럼 발광체일까요?

달은 빛나고 있기는 하지만, 스스로 빛을 내지 못하고 햇빛을 받아 그것을 그대로 반사하는 것뿐입니다. 스스로 빛을 내지 않는데도 환하게 보이는 것은, 다른 데에서 오는 빛을 그대로 반사하면서, 그 빛이 우리의 눈에 들어오기 때문입니다.

붉은 잉크나 석유는 햇빛을 받으면 그 부분이 파랗게 보입니다. 이것은 햇빛을 반사해서 빛을 낸 달과는 다른 현상입니다.

잉크와 석유가 스스로 빛을 낸 것입니다. 이와 같은 발광체를 '형광체'라고 합니다. 우리 가정에서도 많이 사용되는 형광등도 이 형광체를 이용한 것입니다.

형광등이 켜지는 것은 램프관 속의 수은 기체에서 나오는 자외선 때문입니다. 이 자외선이 관의 안쪽에 칠해져 있는 형광체에 부딪혀 빛을 내는 것입니다.

석유나 잉크 이외에도 우리가 살고 있는 지구에는 빛을 내는 형광체가 많이 있습니다. 이러한 형광체는 앞에서도 말했듯이 자외선의 작용을 받아 빛을 내는 것인데, 이러한 자외선의 작용은 과학과 의학의 발달에 커다란 도움이 되고 있습니다.

자외선을 이용하여 식료품들을 검사할 수도 있습니다.

예를 들면, 형광을 일으킬 경우, 버터는 노란색으로 빛나지만 마아가린은 파란색으로 빛납니다. 그래서 버터에 마아가린이 15퍼센트만 혼합되어 있어도 바로 알아낼 수가 있습니다.

또 곰팡이가 눈부신 녹색의 형광을 내는 것을 이용하여 자연적으로 숙성한 버터와 인공으로 숙성시킨 버터를 구별할 수도 있습니다.

싱싱한 감자는 형광을 내지만, 반점이 생기는 병에 걸리면, 감자는 형광을 내지 않습니다. 또 신선한 달걀은 연한 붉은 빛의 형광을 내지만 오래 묵은 달걀일수록 형광의 빛이 점점 파랗게 변해갑니다.

백인의 피부에서는 흑인의 검은 피부에서보다 형광이 더 많이 나옵니다.

살아 있는 자연적인 치아는 형광을 내지만, 죽은 치아나 인공치아는 형광을 내지 않습니다.

같은 실험을 통해서 자연 그대로의 모발과 염색 모발, 가

발을 구분할 수도 있습니다.

또 아스피린을 복용했을 경우에는 소변의 색깔이 자줏빛을 보입니다. 가래 속에 섞인 결핵균은 노란 빛의 형광을 냅니다.

의학에서는 핏속으로 주사된 형광 염료를 사용하여 외과수술에 도움을 받기도 합니다.

절제수술을 해야 할 경우에는 형광 염료가 혈액의 흐름에 실려 감염된 부위로 운반됩니다. 그래서 외과 의사는 환자에게 자외선을 쬐어 진단함으로써 수술을 더 정확히 해낼 수 있습니다.

모든 생물이 자랄 수 있도록 빛과 열을 내는 태양을 제외한다면, 아름답게 빛만을 내는 것은 '냉광' 이라고 합니다.

'냉광' 은 물질이 열, 엑스선, 방사선, 입자선을 받거나, 또는 기계적 화학적 자극을 받아서 빛을 내는 것인데 열은 전혀 없습니다. 형광도 이 냉광에 속하는데 형광 말고도 인광이 냉광에 속합니다.

냉광을 내는 박테리아도 있는데 30여 종이 알려져 있습니다. 어떤 것들은 죽은 생선에 기생하여 빛을 내기도 합니다.

빛을 내는 박테리아는 흔히 물벼룩 같은 작은 벌레들의

먹이가 됩니다. 재미있는 일은 발광 박테리아를 먹은 벌레는 그 먹은 즉시로 박테리아처럼 빛을 내게 됩니다. 그리고 박테리아와 그 박테리아를 먹은 벌레는 둘 다 죽게 됩니다.

종류가 많지는 않지만, 어떤 미생물들이 내는 빛은 그 밝기가 전등과 맞먹는다고 합니다.

최근에는 깊은 바다 속에서 사는 생물들이 내는 냉광에 관해 많은 사실들이 알려져 있습니다. 이 가운데 어떤 생물들은 눈처럼 생긴 발광 기관을 가지고 있다고 합니다.

깊은 바다 속은 완전한 암흑 세계인데다 무시무시한 압력인 수압이 내리누르고, 수온은 영하의 온도를 가지고 있습니다.

그 곳은 고요하고 아무 소리도 들리지 않는 적막하고 풀 한 포기 자라나지 않는 곳입니다.

그러나 이 버림받은 곳에서 사는 생물체들은 그 환경에서 살기 위한 기묘한 장비를 갖추고 있습니다. 그들은 거의 모두가 촉각이 매우 발달되어 있습니다. 그리고 그보다 더욱 중요한 것은 거의 모든 생물체들이 어떤 모양으로든 빛을 낸다는 것입니다.

그러나 어류나 곤충류에 비해 고등생물에서는 냉광이 거의 생기지 않습니다. 가끔씩 새의 깃털이나 동물의 털에 박테리아가 기생하면 인광(어느 물질에 빛을 비추다가 그쳐도 계속 그 빛을 내는 현상)을 내는 경우가 있기는 하지만, 그 동물 자체가 빛을 내지는 못합니다.

박테리아가 기생하여 인광을 낼 경우, 그 화려한 빛은 매우 밝다고 합니다.

야광벌레가 내는 빛 속에서는 특정한 파장의 가시광선이 관찰됩니다. 이 가시광선은 그 성질이 차가우며 적외선이나 자외선을 내기도 합니다.

이러한 냉광은 사진건판을 감광시키며, 여러 가지 물질에 형광을 일으키기도 합니다. 또한 냉광은 식물을 빛이 있는 쪽으로 굽어지게 하기도 하고, 엽록소의 성장을 돕기도 합니다.

이외에도 냉광이 생물체에 미치는 좋은 점은 무엇일까요?

빛을 내는 생물들은 깊은 바다 속에서 생활하는 다른 생물보다 지내기가 훨씬 유리합니다. 왜냐하면, 그것이 먹이를 유인하는 미끼로도 쓰일 수 있고, 다가오는 적을 놀라게 해서 쫓을 수도 있기 때문입니다. 또한 그것은 등불 역할도 해줍니다. 각 동물마다의 특별한 빛은 같은 동료를 찾는 데도 도움이 됩니다.

몇 가지 종류의 반딧불과 야광벌레들에게 있어 빛을 내는 가장 중요한 의미는 짝짓기를 하는 데 있습니다.

영국에서 생활하는 어떤 종류의 야광벌레는, 날개가 없는 암컷이 둑의 풀섶을 기어다니는데, 그 암컷이 내는 빛은 수컷이 내는 빛보다 훨씬 강하다고 합니다. 암컷이 빛을 내는 시간이 길어지면 길어질수록, 암컷의 주위에는 수컷들이 더 많이 모여든다고 합니다.

땅 위에 있는 생물들은 대개 연한 초록빛이나 파란색을 내는 경우가 대부분입니다. 그러나 깊은 바다 속에서 생활하는 생물들은 빨간색이나 자주색, 흰색 등 그 색깔들이 무척 화려하고 다양합니다.

그림자

그림자는 빛이 지나갈 길을 지나지 못하면서 나타나는 검은 형상을 말합니다. 빛과 그림자는 서로 반대되는 성질을 가지고 있지만 언제나 함께 어울립니다.

빛은 공기나 물 등은 그대로 통과할 수가 있기 때문에 그림자가 생기지 않습니다. 비닐이나 유리판의 경우는 투명한 막같은 엷은 그림자가 생깁니다. 그러나 나무, 돌, 금속 등은 그 위에 빛을 비추면 그 모양 그대로 그림자가 생깁니다.

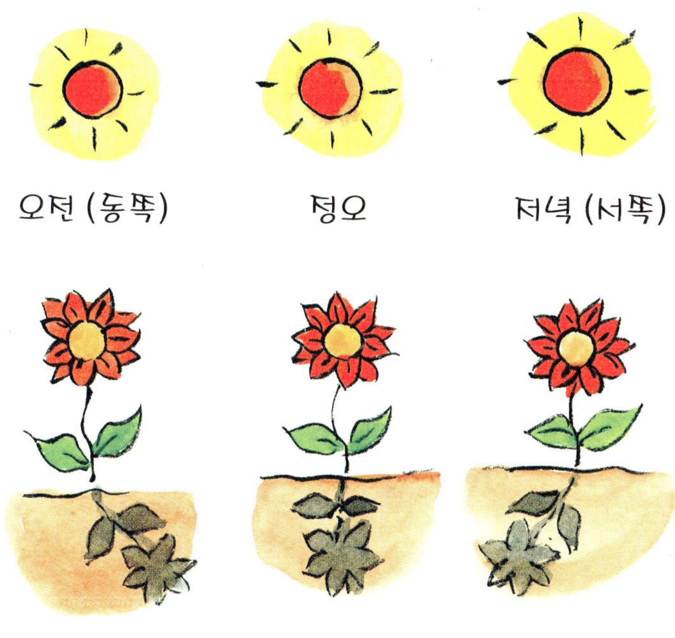

햇빛을 마주 보고 서면 그 사람의 뒤에 그림자가 생깁니다. 그 그림자는 해와, 가로막은 사람과, 거리에 따라서 모양과 크기가 각기 다른 그림자가 생깁니다. 또한 해의 위치에 따라 그림자는 그 방향과 길이가 달라집니다.

손전등이나 촛불처럼 사방으로 빛이 퍼지는 것도 그림자를 만들어 냅니다. 그러나 이 때의 그림자는 물체가 스크린과 가까울수록 그림자는 작고 진하게 나타나지만 물체와 스크린의 거리가 멀면 그림자는 크고 색깔은 연해집니다.

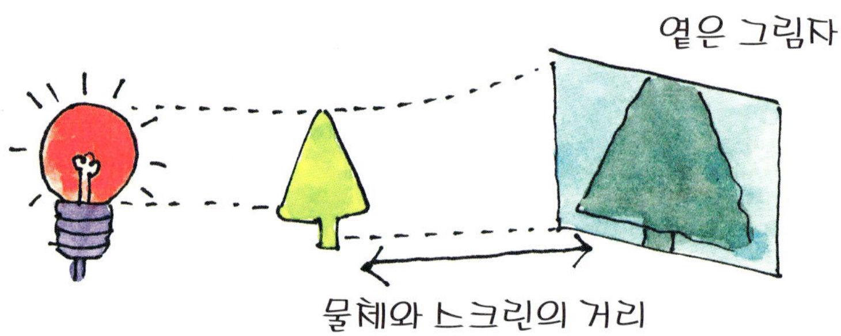

〈여러가지 그림자 놀이〉

이러한 그림자는 앞에서도 말했지만 빛이 통과하지 못하기 때문에 생기는 것입니다.

우유빛 유리나 종이, 얇은 나무 따위는 약간이나마 빛을 통과시킵니다. 또 투명한 셀로판지도 빛을 통과시키지만 이것이 투명하다 하더라도 여러 장을 겹치면 빛은 조금밖에 통과하지 못하고, 더 많이 겹치면 전혀 빛을 통과시키지 못합니다. 우리들은 그림자라면 항상 새까만 것으로 생각하지만, 우리의 마음대로 색깔 있는 그림자를 만들 수도 있습니다.

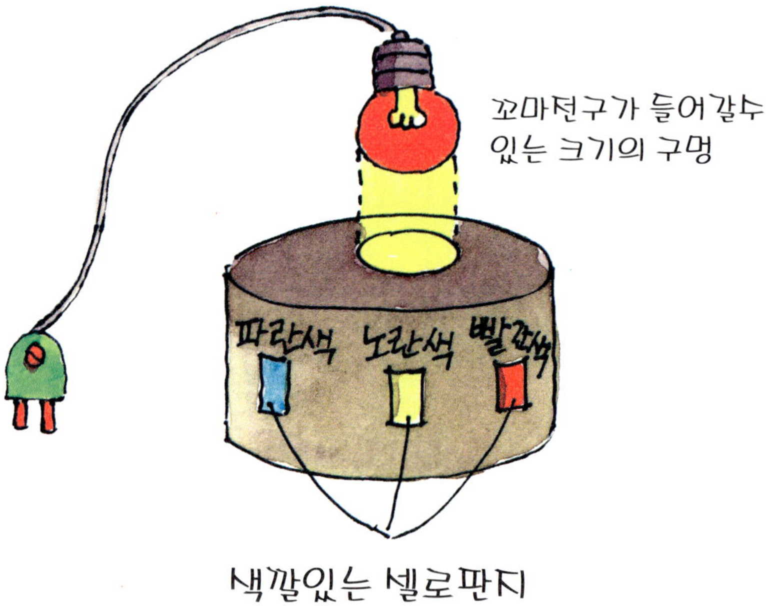

색깔 있는 그림자를 만들려면 우선 빛이 통과할 수 있는 셀로판지를 준비해야 합니다. 빨간색이나 파란색이 들어 있는 셀로판지를 준비합니다. 그러고 나서 손전등을 비추면 셀로판지의 그림자는 색깔있는 그림자가 됩니다.

이런 셀로판지의 색그림자를 이용해서 멋진 조명등을 만들 수도 있습니다.

우선 원통형의 뚜껑 부분을 동그랗게 잘라서 꼬마전구가 들어갈 수 있는 크기로 만들고, 원통의 옆쪽을 잘라서 색깔 있는 셀로판지를 붙입니다. 이 때 셀로판지를 붙인 곳

이외에는 빛이 새지 않도록 잘 막습니다. 그리고 콘덴서에 플러그를 꽂으면 멋진 조명등이 됩니다.

빛을 이용한 여러 가지 그림자들은 특별한 재료가 없이도 재미있는 놀이가 가능합니다.

여러 그림자 놀이를 다 해보았으면 이제는 친구를 깜짝 놀라게 할 그림자 놀이를 해보도록 합니다.

친구를 깜짝 놀라게 하려면 큰 거울이 있어야 합니다. 또한 거울 전체를 덮을 수 있는 종이, 이리저리 옮길 수 있는 손전등이 필요합니다.

이러한 것들이 준비가 되었으면, 될 수 있는 대로 못생기고 심술궂게 보이는 눈과 비뚤어진 코, 이를 드러낸 무시무시한 입을 그려서 그것을 오려 냅니다. 다 만들어진 종이는 풀로 거울 위에 붙입니다. 그리고 나서 방 안에 친구를 불러다 놓고 전등만을 켜고서, 그 친구의 머리 그림자가 벽 위에 비치는 곳에 서게 하여 벽 쪽을 향하게 합니다. 이 그림자는 당연히 사람이 빛을 막고 있으므로 눈, 코, 입은 없이 사람의 모양만을 가진 새까만 것이 될 것입니다.

그렇지만 이 그림자에 거울을 이용해서는 눈, 코, 입을 만들어 주려는 것입니다.

친구에게는 눈을 감고 있으라고 말한 후 그 사이에 숨겨 둔 거울을 꺼냅니다. 그리고 친구의 머리그림자가 있는 곳에 종이를 오려 낸 부분에서 반사된 빛이 알맞게 비칠만한 위치에 거울을 세웁니다. 모든 준비가 되면 친구에게 눈을 뜨도록 말합니다. 너무도 무시무시한 광경에 친구는 깜짝 놀라고 말 것입니다.

그런데 이 놀이는 생각만큼 쉽지가 않습니다. 사람의 선 자리와 거울의 놓는 자리를 미리 정확하게 계산해서 해야

하기 때문입니다. 여러 번의 연습을 해야만, 단번에 친구를 놀래줄 수가 있습니다.

눈과 카메라

인간을 비롯한 모든 동물의 눈은 빛이나 물체에 반응을 나타냅니다.

눈이 물체를 구별하는 것이 이상하다고 생각하는 사람은 아무도 없습니다. 그러나 눈이 물체를 보는 것과, 그 물체가 무엇이라고 판단하는 것이 동시에 이루어지는 것은 참으로 이상하고 신기합니다.

누구든지 생각을 하는 것은 뇌라고 알고 있고 그것이 사실이기도 합니다. 그렇다면 눈과 뇌는 서로 연결되어 있는 것일까요?

인간의 시각이 눈에서가 아니라 뇌에서 생긴다는 사실은 몇 백 년 전부터 이미 알려져 있었습니다. 뇌에 심한 부상을 입고 식물 인간이 되어 있는 사람들의 경우, 비록 눈에는 아무 고장이 없다고 하더라도 아무것도 볼 수가 없습니다.

눈은 빛을 모아 눈의 후벽, 즉 망막에 상(물체의 형상)을 맺게 하는데, 빛이 망막에 닿은 순간부터 시각의 과정에는 완전히 새로운 단계가 시작됩니다. 즉 망막의 시세포(빛의 자극을 받아 시각을 일으키는 세포)가 빛의 에너지를 신호로 바꾸고, 그 신호가 뇌까지 전달되어 가는 것입니다.

시각 신호가 뇌에 전달된다는 사실을 처음으로 알아낸 사람은 독일의 생물학자 프란쯔 볼이었습니다.

1877년 어느 날, 볼은 실험실에서 어두운 찬장로부터 갓 꺼낸 개구리의 눈을 들여다보고 있다가, 눈의 깊숙한 안쪽에 있던 불그스름한 것이 빛이 닿자 점차로 사라지는 사실을 발견했습니다.

그 현상은 다른 학자들도 이미 알고 있었지만 단지 핏덩어리라고 생각하고 지나쳐버린 것이었습니다. 그러나 볼은 만약 그것이 피라면 빛에 닿아 사라져 버릴 리가 없다고 생각했습니다. 볼은 다시 어두운 찬장에 개구리의 눈을 넣었다가 같은 실험을 반복했습니다. 결과는 마찬가지였습니다. 이 실험으로, 볼은 빛이 눈에 들어오면 눈에 어떤 화학변화가 일어난다는 사실을 발견했습니다.

그로부터 약 100년이 지난 1959년에, 데이비드 휴벨과 토스텐 위젤 두 사람은 존스 홉킨스 대학에서 고양이를 사용하여 같은 실험을 했습니다.

그것은 뇌에 아주 작은 전극을 넣어서, 시각이 생기는 한 신경세포의 반응을 기록하는 실험이었습니다.

전극은 증폭기(느낄 수 없는 작은 진동을 느낄 수 있도록 크게 하는 기계)와 확성기, 전류의 진동을 기록하는 장치인 오실로스코프에 연결되어 있어서 세포에서 일어나는 모든 변화를 보고 들을 수 있는 것이었습니다.

그들이 고양이 눈앞에 전등을 갖다 대자, 확성기에서는 "푸우푸우"하는 소리가 들렸습니다. 또한 오실로스코프에서는 어떤 무늬가 나타났습니다. 뇌세포에 빛에 대한 전기반응이 일어난 것이었습니다.

이 실험으로 알게 된 것은, 시세포의 신호가 뇌세포를 자극하여 물건이 보이게 된다는 사실이었습니다.

빛이 눈을 통과할 때, 빛은 망막 위에 바르게 초점을 맺히게 변화합니다. 그러나 빛 그 자체에는 이렇다 할 변화가 일어나지 않습니다.

하지만 빛이 망막에 도달한 그 순간에 극적인 변화가 일어나, 빛은 전기적인 성질과 화학적인 성질을 겸한 하나의 신호로 바뀌게 됩니다.

그 신호는 빛에 의해 발생하지만, 이미 빛의 단위로는 표현할 수 없습니다. 왜냐하면 빛이 실제로는 사라졌기 때문입니다.

시각은 광수용체(빛을 받아들이는 것)라는 색소세포가 망막의 일부를 이루고 있습니다. 그것은 카메라의 필름에 해당됩니다. 이 광수용체에는 간상체와 추상체가 있습니다.

간상체는 어두운 곳에서 사물을 볼 때 사용되고, 추상체는 밝은 곳에서 물건을 자세히 볼 때에 사용됩니다.

인간의 눈은 말하자면, 흑백 필름과 칼라 필름을 항상 넣고 다니는 카메라와 같습니다. 빛이 강할 때에는 추상체가 활동하므로 색이 보이지만, 밤에는 간상체만 활동하므로 흑백의 반응밖에 일어나지 않습니다. 따라서 밤에는 색이 잘 보이지 않고 회색 그림자처럼 보이는 것입니다.

그러나 물체가 잘 보이느냐 어떠냐 하는 것은 빛의 양만으로 정해지는 것은 아닙니다. 빛의 색깔도 중요한 역할을 합니다.

추상체는 황록의 부분에 가장 잘 반응하고, 간상체는 흑백의 상밖에 만들지 못하지만 청록색의 파장에도 잘 반응합니다.

그러므로 낮에는 붉은 꽃이나 푸른 꽃이나 모두 밝게 잘 보이지만, 밤이 되면 푸른 꽃에는 간상체가 반응하므로 훨씬 밝게 나타나고, 붉은 꽃은 거의 흑색처럼 보입니다.

캄캄한 어둠 속에서 물건을 보려면 눈이 어둠에 익숙해질 때까지 기다려야 합니다. 이와 같이 눈이 빛의 상태에 적응하는 과정은 무척 까다롭고 복잡합니다. 만약 정확한 컴퓨터를 이용한다 하더라도 사람의 눈만큼 정확하게 보고 그 상황을 판단할 수는 없을 것입니다.

그러나 카메라는 눈의 구조와 비슷한 모양을 하면서 〈당연히 눈의 기능에는 미치지 못하지만〉 사진을 찍습니다.

카메라의 시작은 16세기 경 유럽의 화가들로부터였다고 할 수 있습니다.

그 당시의 화가들은 어두운 방 안에서 작은 구멍을 통해 찍힌 풍경을 투사(그림이나 글씨를 얇은 종이 밑에 받쳐 놓고 베낌)하여 원근감이 있는 풍경화를 그렸습니다. 이것은 우리가 학교에서 배우는 바늘 구멍 사진기의 원리와 같습니다. 잠깐 바늘 구멍 사진기의 원리를 생각해 봅시다.

바늘 구멍 사진기는 어두운 상자에 바늘 구멍을 뚫어 그 사이로 들어온 거꾸로 된 영상을 필름에 받아내는 장치를 말합니다.

내면을 검게 칠한 통의 한쪽 면에 작은 구멍을 내고, 반대쪽 면에 필름을 장치하게 되어 있습니다. 렌즈를 사용하는 카메라와는 달리 가까운 거리에서 먼 거리까지 모두 초점이 맞는다는 특징이 있습니다. 그러나 구멍을 통하여 들어오는 빛의 양이 매우 적기 때문에 오랜 시간 빛을 쬐어야 합니다. 따라서 움직이는 물체를 촬영하기에는 적당하지 않습니다.

구멍에서 필름까지의 길이가 10센티미터 정도의 것이면 구멍의 지름은 0.4밀리미터 정도가 적당합니다. 보통의 필름을 사용한다면 약 10초 동안의 빛을 쬐어야 합니다.

구멍을 크게 하면, 빛을 쬐는 시간이 줄어들기는 하지만 사진이 선명하지 않게 됩니다.

바늘 구멍 사진기의 원리는 17~18세기까지 이용되었는데 이 때의 사진기는 16세기의 것보다는 훨씬 작아서 이리저리 옮길 수도 있었습니다. 그러나 여전히 구멍을 통해 들어온 풍경을 그리는 데에 불과했습니다.

그 후 1839년 프랑스의 조세프 니에프스라는 발명가와 다게르라는 사람에 의해서 최초의 사진이 찍혔습니다.

이 때의 사진은 동판을 수은 증기로 처리하여 그전과는 비교가 안될만큼 선명한 사진을 재현시킴으로써 사진술의 발전에 큰 몫을 하였습니다.

카메라는 눈의 구조와 상당히 비슷합니다. 물체가 수정체에 들어오는 것은 바로 카메라의 렌즈와 같고, 눈의 망막은 필름에 해당되기 때문입니다.

눈이 빛에 반응했던 것처럼 카메라도 빛에 의해 사진이 찍힙니다. 만약 카메라가 빛에 반응하지 못했다면, 우리는 오늘날 사진을 통해 우리의 모습을 남겨 놓을 수도 없었을 것입니다.

빛은 어떻게 나아갈까요?

옛날부터 과학자들은 '빛의 실체는 무엇일까?' 하는 의문을 갖고 연구를 해왔습니다.

옛날 그리이스 사람들은 그 문제를 여러 가지로 생각한 결과 두 가지 이론을 이끌어 냈습니다.

피타고라스 학파는, 눈에 보이는 물체는 모두 입자(물질을 구성하는 아주 작은 알갱이)로 되어 있으므로 빛도 입자라고 주장하여 '입자설'을 말했습니다.

아리스토텔레스와 그 일파는 빛은 물결과 같은 성질을 갖고 있으며, 조용한 연못의 수면을 퍼져가는 잔물결처럼 공간을 빛의 에너지가 미끄러져 가는 것이라고 생각하여 파동설을 주장하였습니다.

이러한 입자설과 파동설은 17세기까지 서로 자기의 주장

이 옳다고 우기는 학자들 속에서 동시에 사용되었습니다. 그러다가 19세기에 이르러서는 파동설이 우세하였는데, 빛에서 파동의 특성이 나타났기 때문입니다.

파동설의 이해를 위해 호수에 던진 돌을 연상해봅시다.

잔잔한 호수에 돌을 던지면, 돌이 떨어진 그 수면을 중심으로 물결이 동그란 무늬를 그리면서 퍼져갑니다. 이것이 파동이라는 것은 여러분도 잘 알고 있을 것입니다. 만약 두 개의 돌을 동시에 던진다면 파동은 동그랗게 퍼져나가다가 마침내 서로 부딪치게 됩니다.

마치 해변에서 밀려오는 파도가 서로 부딪치듯이 파동은 강한 곳과 약한 곳, 즉 산과 골이 생기게 됩니다. 두 파동의 산과 산이 합쳐지면 그 파동은 진폭(물체의 진동하는 폭)이 두 배가 되며, 또한 크기가 같은 두 파동의 산과 골이 합치면 파동은 서로 부딪쳐 없어져 버립니다.

19세기에 빛의 파동설이 인정된 것은 이러한 현상들이 빛 현상에서도 나타났기 때문입니다. 이러한 현상들은 입자설로서는 도저히 일어날 수 없는 현상들입니다.

그런데 20세기에 들어오면서 이런 파동설에 대한 생각에 변화가 생기게 되었습니다. 그것은 독일의 물리학자인 레나드 박사가 연구한 '광전효과'라는 현상의 발견 때문이었습니다.

광전효과라는 것은, 금속판에 빛을 쬐일 때 전자가 튀어나오는 현상으로, 레나드 박사에 의해 정밀한 실험이 이루어졌습니다.

1902년에 발표된 레나드 박사의 실험결과에 의하면, 튀어나오는 전자가 얼마나 빠른 속도로 튀어나오는가 하는 것은 쬐인 빛의 크기 때문이 아니라는 것입니다. 이러한 실험 결과는 빛이 파동설이라는 면에서 볼 때 설명되어지지 않는 이야기였습니다.

1905년에 아인슈타인 박사는 빛을 파동으로 보는 이론은 완전하지 못하며 따라서 빛에는 입자의 성질도 동시에 갖추고 있다는 이론을 가설로 세워 발표했습니다.

1923년, 미국의 물리학자인 아더 H. 콤프턴은 빛에너지 단위인 광자가 운동량을 가지고 있으며, 질량을 지니고 있다는 사실을 증명하여, 아인슈타인의 이론이 옳다는 것을 뒷받침했습니다. 또한 X선에 관한 연구 결과도 그 이론이 옳다는 것을 증명하였습니다.

오늘날에는 파동설과 입자설이 완전히 조화를 이루어 거의 동시에 쓰이고 있습니다.

파동설은 전자파 스펙트럼 중의 전파의 영역을 설명하는 데에 쓰이고, 입자설은 감마선이나 X선 같은 파장이 짧은 영역의 이론 설명에 쓰입니다. 그리고 가시광선(보통 눈으로 볼 수 있는 광선)은 그 두 이론의 중간에 있어서, 어떤 때는 파장처럼, 또 어떤 때는 입자처럼 행동합니다.

이외에도 빛이 물질과 상호작용할 때에 생기는 여러 현상은, 빛을 에너지가 가득찬 작은 입자라고 생각할 때, 비로소 완전하게 이해할 수 있습니다.

빛의 직진

빛은 공기 속을 통과할 때 곧게 앞으로 나아갑니다. 이것을 빛의 직진이라고 합니다.

어두운 방에서 빛이 커튼의 틈이나 작은 구멍으로 들어오는 모양을 관찰하면 빛이 직진한다는 것을 쉽게 알 수 있습니다. 특히 작은 먼지가 떠 있을 때는 먼지의 움직임이 빛에 닿아 더욱 잘 알 수 있습니다.

슬라이드나 16밀리 영화를 영사할 때도 방안을 어둡게

하면 빛의 직진이 잘 보입니다. 그리고 해질녘에 구름 사이로 햇살이 부챗살처럼 사방으로 퍼져나갈 때나 우거진 숲 사이로 햇빛이 빗살처럼 쏟아져 내릴 때도, 등대의 불빛이 바다를 비출 때도 빛은 곧게 직진한다는 사실을 잘 알 수 있습니다.

빛의 직진을 알아보기 위해 실험을 해보도록 합시다.

준비물은 뚜껑을 덮을 수 있는 어항과 손전등, 모기향이 필요합니다. 실험 준비물이 다 갖추어졌으면, 방안을 어둡게 하고 어항 속에 모기향을 피웁니다. 이 때 어항의 한쪽 벽면에 1센티미터의 지름으로 구멍을 뚫고 다른 부분은 빛이 들어가지 않도록 합니다.

그리고 어항에 뚜껑을 덮어 연기가 가득 차도록 한 뒤, 손전등의 불빛을 작은 구멍에 비춥니다. 이것은 연기의 작은 알갱이에 빛이 반사되어 하얗게 보이는 현상입니다

그렇다면 물 속에서는 빛이 어떤 모습으로 나아갈까요?

공기 속에서는 방해물이 없어서 직선으로 곧게 나아갔겠지만, 물 속에서는 아마도 비뚤빼뚤 나아갈 거라고 여러분은 생각할 것입니다.

여러분의 생각이 맞는지 한번 실험을 통해 알아봅시다.

앞의 실험에서 사용한 어항 속에 물을 붓고, 물에 묽은

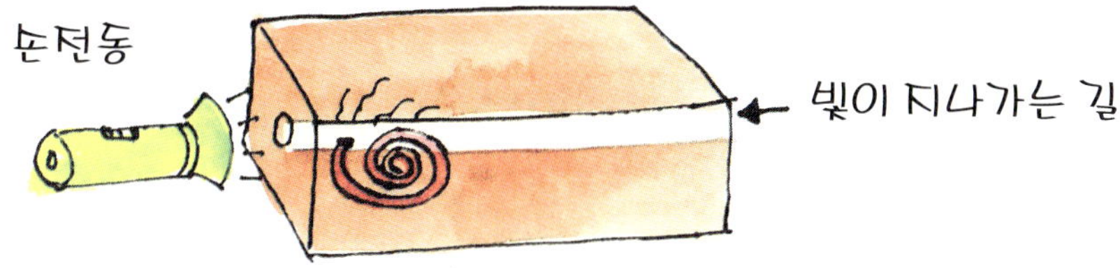

비눗물이나 붉은 잉크 따위를 넣어서 섞습니다. 너무 짙게 섞으면 빛이 흩어지거나, 흡수 혹은 빛살이 흐려지기 쉬우므로 묽게 하는 것이 좋습니다.

어항 대신 플라스틱의 빈 상자를 이용해도 간단하게 실험해볼 수 있습니다. 준비가 다 끝나면 앞에서와 마찬가지로 손전등을 비춥니다. 역시 빛은 직진한다는 것을 알 수 있을 것입니다.

간혹 물을 휘저어서 출렁이게 하면 빛줄기도 함께 이리저리 움직일 거라고 생각하는 사람이 있는데, 유리 막대로 휘저어 가면서 실험하여도 물의 움직임에 관계없이 빛은 물 속을 직진합니다.

빛은 공기, 물 속 이외의 그 어떤 곳에서도 직진을 합니다. 유리나 플라스틱의 투명한 곳에 비추어도 빛은 직진합니다.

만약 지구에서 빛이 직진하지 않는다면 어떤 현상이 일어날까요?

만약 빛이 직진하지 않는다면 반사나 굴절 같은 빛 현상이 일어나지 않으므로 빛은 제멋대로 이리저리 돌아서 갈 것입니다.

우리의 주위에 이따금 일어나는 현상으로 그와 비슷한 것을 찾아 볼 수 있습니다. 즉, 안개가 끼었을 때의 상태입니다.

안개는 아주 작은 물방울들이 공기 속을 떠서 이리저리 돌아다니는 것입니다. 안개 속에서는 직진해오는 빛이 물방울에 부딪쳐 반사하거나 굴절해서 빛의 방향을 사방으로 흩어지게 합니다.

안개가 엷게 끼었을 때에는, 물방울 사이를 빠져나오는

직진하는 빛이 있기 때문에 물체의 윤곽이 어슴프레 보입니다. 그러나 안개가 짙게 끼었을 때는 자동차의 헤드라이트처럼 강한 빛으로 비추어도, 대상물이 희미하게밖에 보이지 않습니다.

이처럼 정말로 빛이 직진하지 않는다면 아무리 공기가 맑아도 물체를 볼 수 없는 상태가 계속 될 것입니다.

강한 빛을 내는 것이 있다 해도, 그 빛은 주위의 온 공간으로 흩어져 버리고 말 것입니다. 특별히 강한 빛이라면 약간은 밝게 보일는지도 모르지만 반사광에 의해 보이는 물체는 거의 그 형태를 알아보는 것조차 어려울 것입니다.

그리고 우리들의 주위는, 마치 해가 뜨기 전의 새벽녘이나 해가 진 직후의 저녁같이 희미한 밝음만이, 어디에서 오는지도 모르는 채 밝게 빛나지도 않고 그림자도 없이 비추어 마치 우유의 바다 속을 떠돌아다니는 분위기가 될 것입니다.

태양이나 별빛도 그 빛이 우주 전체에 제멋대로 흩어져 버리기 때문에 지구까지 도달하는 빛은 훨씬 약해질 것입니다. 태양이나 별의 모습도 안 보이고, 그저 낮에는 하늘 전체가 희미하게 밝을 것이며 밤에는 온 천지가 캄캄해질 것입니다.

만약 우주가 처음부터 이런 것이었다면, 이 지구상에 생명이 태어났을는지조차 의문입니다. 그 까닭은 생명이 태어나기 위해서는 빛이 큰 역할을 했을 것이라는 것이 과학이 내린 결론이기 때문입니다.

하지만 지구상에 무언가 생명이 싹터, 동물 비슷한 것이 진화한다면 그 동물은 눈으로 사물을 보는 것이 아니라 아마도 진동으로 물체를 느끼거나 박쥐처럼 특별한 음파나 전파를 발신해서 물체를 알아낼 것입니다.

하지만 빛이 직진하지 않는 세계에서는 어쩌면 전파나 음파도 직진하지 않을지도 모릅니다. 그런 세계에서 살아나가는 생물은 다만 텔레파시를 통해서 직접 사물을 알아채는 방법을 가지고 있을 지도 모를 일입니다.

빛의 직진이라는 것이 아주 사소하게 생각되지만 이러한 가상을 생각해 볼 때, 상당히 중요하고 좋은 현상이라는 것을 알 수 있습니다.

빛의 굴절

물 속에 막대의 일부를 넣으면 막대는 수면에서 꺾여 보입니다. 또한 둥근 어항 속에 있는 금붕어는 실제보다 크게 보입니다.

돋보기로 물체를 보면 대상물을 확대해서 볼 수 있습니다. 이러한 현상들은 모두 빛의 굴절에 의한 것입니다. 그렇다면 굴절은 무엇일까요?

굴절이란, 빛이 한 물체에서 다른 물체로 들어갈 때 그 경계면에서 방향이 꺾이는 현상을 말합니다.

수영을 좋아하는 어린이들은 빛의 굴절을 잘 알아두어야 합니다. 빛의 굴절 현상을 모르고 무작정 물 속에 뛰어들었다가 불행을 초래하는 일이 있기 때문입니다.

물에서 헤엄치는 것에 익숙하지 못한 사람들은 빛의 굴절법칙의 한 가지 결과를 잊어버리고 있기 때문에 깊은 물에 빠지는 위험을 당하는 것입니다.

빛의 굴절은 물의 밑바닥에 깔린 모든 대상들이 실제의 위치보다 떠올라와 보이게 합니다. 그에 따라서 모든 저수지와 강은 실제보다 얕게 보입니다. 이것들은 실제 깊이의 바닥보다 1/3이나 얕아 보입니다.

이러한 현상은 책상 위에서도 실험을 통해 알 수 있습니다.

책상 위에 그릇을 올려 놓고, 그릇의 밑바닥이 보이지 않는 자리에 친구를 앉게 합니다. 그리고 그릇 바닥에는 단추나 동전을 넣어 둡니다. 친구에게는 그릇의 바닥이 보이지 않으니 동전도 당연히 보이지 않을 것입니다. 모든 준비가 다 되면, 그릇에 천천히 물을 부어 봅시다. 그러면 놀랍게도 친구가 서 있는 곳에서도 동전이 떠오른 것처럼 보일 것입니다. 그러나 동전이 물에 뜰 리는 없습니다. 금속이 물보다 훨씬 무거웁기 때문이지요. 그렇다면 동전이 눈에 보인 것은 어떤 이유에서일까요?

그것은 그릇에 물을 어느 높이까지 부을 때, 반사 광선의 일부가 물과 공기의 경계선에서 굴절하여 친구의 눈에까지 보이게 된 것이지요.

빛이 굴절하는 모양을 더 자세히 알기 위해 실험을 해봅시다.

첫 번째, 투명한 플라스틱 케이스에 물을 채운 다음 검은 선을 그린 도화지 위에 올려 놓습니다.

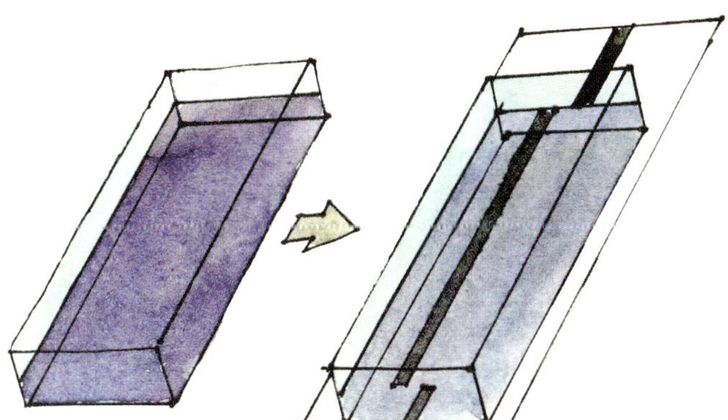

그러면 플라스틱 케이스에 있는 선은 도화지 위에 실지로 있는 검은 선과 서로 끊어진 것처럼 보일 것입니다.

이러한 현상은 눈이 나빠서 안경을 쓴 사람의 옆얼굴에서도 볼 수 있습니다

이것도 역시 플라스틱 케이스의 물이 굴절을 일으킨 것처럼, 안경의 렌즈가 빛을 받고 굴절을 일으켜서 안경 속의 얼굴이 실제 얼굴보다 조금 찌부러져 보이는 것이지요.

두 번째, 가스 버너에 불을 붙이고 불꽃 사이로 물체를 보면 물체는 이러저리 흔들거려 보입니다. 이것은 불에 의한 굴절 때문입니다.

이러한 현상은 봄에 아지랑이가 피어오를 때, 혹은 몹시 더운 여름날 아스팔트 위에서 물체가 흐늘거려 보이는 현상과 같습니다.

세 번째, 이 실험은 빛이 굴절하는 현상을 직접 확인할 수 있는 실험이므로 무척 중요합니다.

이 실험에는 테이블과 흰 종이, 전기 스텐드 그리고 물이 절반 가량 담긴 투명한 컵과 빗이 필요합니다.

우선 테이블 가에 1.5~2미터쯤 되는 거리에 전기 스텐드를 놓고, 테이블에는 흰 종이를 펴 놓습니다. 그리고 전기 스텐드 쪽의 테이블 가에 빗을 세워놓습니다. 빗으로부

터 약 10센티미터의 거리에는 물이 담긴 컵을 놓는데, 이 때 컵을 놓는 종이를 컵의 크기와 같은 구멍을 내서 컵의 바다이 보이지 않도록 종이를 받칩니다. 이것은 빛이 물을 통과할 때, 컵의 바닥을 지나지 못하도록 하기 위한 것입니다.

준비가 다 되면 방안을 어둡게 하고 전기 스텐드의 불을 켭니다. 빛은 빗의 그림자로 인해 일직선의 광선으로 길게 뻗쳐 나갑니다. 그러다가 컵에 부딪친 광선은 구부러져 있고, 컵 뒤에서 그 광선들은 한곳에 모여 또다시 부채꼴로 퍼져나가는 것을 볼 수 있습니다.

이 경우에는 빛의 굴절이 정확하게 컵이 있는 곳에서 일어나고 있습니다. 좀더 자세히 말한다면, 굴절은 빛이 컵 속으로 들어갈 때와 나올 때에 일어나고 있는 것이지요.

이렇게 신비롭고 재미있는 빛의 굴절 현상은 네덜란드의 수학자 빌르브로드 스넬에 의해 1621년에 밝혀졌습니다.

스넬의 연구결과에 의하면, 굴절은 빛이 하나의 투명한 물체를 지나 다른 물체에 들어가게 되면 대부분은 반사되고 말지만, 일부는 그 물체 속에 그대로 들어간다는 것입니다.

빛이 굴절한다는 사실을 잘못 생각하면 빛의 직진현상과 모순되는 것처럼 생각되기도 합니다. 하지만 빛의 굴절은 빛이 직진하던 중에서 어떤 물체의 걸림으로 그 방향?각도가 달라지는 것 뿐입니다. 빛의 대부분이 물에 반사되기는 하지만 그 일부는 물의 표면에서 각도가 조금 바뀔 뿐 물 속에서는 여전히 직진한다는 것이지요.

굴절의 크기는 빛을 받는 물체마다 다릅니다. 또한 물체의 각도에 따라 굴절의 크기에 변화가 생깁니다. 즉 굴절은 수직으로 물에 닿는 광선은 굴절하지 않는 것이지요.

또한 작은 각도로 닿으면 굴절이 작고, 큰 각도로 닿으면 굴절도 커진다는 것이지요.

그러나 어쨌든 빛의 굴절 현상은 빛의 직진이나 반사에 비해 이해하기가 어렵게 느껴집니다. 잠시만 한눈을 팔아도 장난꾸러기처럼 엉뚱한 것을 자꾸 보여줍니다.

굴절을 이용한 렌즈와 현미경

스넬에 의해 알려진 굴절 현상은 1678년, 같은 네덜란드 사람인 크리스찬 호이헨스에 의해 그 원리가 밝혀지게 되었습니다. 굴절의 원리가 밝혀지자 망원경의 구조를 이해할 수 있게 되었고, 개량이 가능하게 되었습니다.

망원경은 1600년 경, 렌즈를 만드는 네덜란드 사람 한스 리퍼셰이가 발명하였습니다. 그 이후 갈릴레오를 비롯한 많은 과학자들에 의해 망원경이 개량되기는 하였지만, 그 원리를 이해하는 데에는 스넬과 호이헨스의 이론이 발표된 후부터라고 할 수 있습니다.

각종 렌즈나 그것을 조합해서 만든 망원경 같은 기계는 모두 물 속의 막대가 굽어 보이는 것과 같은 빛의 굴절 원리에 의해 만들어졌습니다. 다른 점이 있다면, 광학기계에는 보통 렌즈가 곡선으로 이루어진 곡면 렌즈를 사용한다는 것 뿐입니다.

렌즈가 볼록면이면 렌즈에 닿는 평행한 빛은 굴절하여 빛을 한 곳에 모이게 합니다. 태양열을 모으는 렌즈가 물체를 가열할 수 있는 것은 그것이 볼록면이기 때문이지요.

렌즈는 투명한 물체로 대개 유리로 만들어 있습니다. 그 형태는 곡선의 일부를 두 개 합친 형태이거나, 한 면이 평면인 것이 많습니다. 안경이나 확대경의 유리도 모두 렌즈입니다.

렌즈는 그 면의 형태에 따라 양면 볼록 렌즈, 한면 볼록 렌즈, 요철면 렌즈, 한면 오목 렌즈, 양면 오목렌즈 등 여러 종류가 있습니다. 그러나 크게 나누면 오목 렌즈와 볼록 렌즈로 나뉘어집니다.

안경을 쓸 경우, 근시인 사람의 안경은 오목 렌즈, 원시인 사람은 볼록 렌즈를 사용합니다.

빛의 굴절을 이용한 광학 기기는 우리 인간에게 아주 훌륭한 보조자 역할을 해 줍니다.

우리가 쉽게 볼 수 있는 확대경은 물체를 10~20배 정도까지 확대해서 볼 수 있습니다. 작은 벌레나 파리의 뒷다리를 확대경으로 보면 그 흉칙한 모습에 깜짝 놀랄 것입니

(렌즈의 종류)

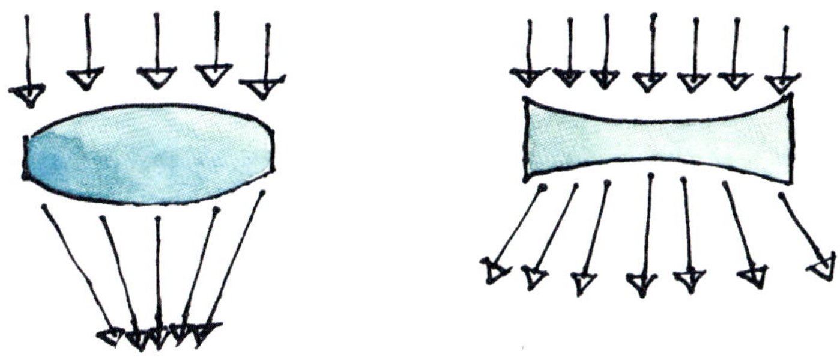

다.

작은 확대경은 누구나 쉽게 만들 수 있습니다. 굳이 유리가 없어도 물을 한방울 떨어뜨리면, 물방울은 볼록 렌즈처럼 표면이 볼록하기 때문에 확대가 되어 보입니다. 둥근 어항 속의 물고기가 크게 보이는 것도 이와 같은 원리입니다.

그러나, 확대경은 하나의 양면 볼록 렌즈만을 사용해서

만들지는 않습니다. 오목 렌즈를 포함해서 몇 개의 렌즈를 조립해서 만드는 수도 있기 때문입니다. 그렇게 하면 더 또렷하고 큰 물체를 볼 수 있습니다.

그러나 볼록 렌즈와 오목 렌즈를 아무리 개량해도 확대경으로는 더이상 큰 확대물을 기대할 수가 없었습니다.

이 확대경의 한계를 극복한 것이 바로 현미경입니다.

현미경은 네덜란드의 안톤 반 레이번후크에 의해서 발명되었습니다.

레이번후크가 젊었을 당시에는 아무리 렌즈 제조의 최고 기술자라 하더라도 30~40배의 확대 이상은 해내지 못했습니다.

그러나 레이번후크는 정규교육을 거의 받지 못했음에도 불구하고 300배로 확대된 정확하고 선명한 모습을 볼 수 있는 현미경을 만들어 냈습니다.

그 이후 영국의 물리학자 로버트 후크가 만들어낸 현미경은 생물의 세포조직까지 발견하는 것을 가능하게 하였습니다.

후크가 만든 현미경은 렌즈를 2매 사용한 것으로 현미경의 진보에 크게 공헌을 하였습니다.

현미경의 구조는 두 개의 집속(빛의 다발이 한군데로 모이는 일)렌즈를 하나의 통 안에 치밀하게 계산된 거리를 두고 끼운 것입니다. 현미경은, 대물렌즈라고 하는 렌즈의 한쪽이 관찰하는 물체 가까이에 오게 하고, 접안 렌즈라고 하는 다른 쪽 렌즈가 관찰자의 눈 앞에 오도록, 통을 특별한 받침대에 고정시키고 있는 형태입니다. 그것은 2단계로 물건을 확대시키는데, 먼저 대물 렌즈에 의해 확대된 상이 이루어지고, 그런 다음 이 상이 확대경과 마찬가지로 접안 렌즈에 의해 다시 확대되는 것입니다.

이렇게 해서 눈으로 볼 수 없는 세계를 직접 우리의 눈으로 볼 수 있게 되는 것입니다.

현재 구할 수 있는 최고의 광학 현미경은 2,000~2,500배의 확대율을 가지고 있습니다. 그 이상의 확대는, 구조상의 개량을 거듭해도 빛의 성질이 가진 한계 때문에 불가능합니다.

광학 현미경을 사용해서 발견된 것은 무척 많습니다.

그것은 물리 분야 뿐만 아니라 광학의 다른 분야, 특히 생물학 분야에서는 생물 조직?세포?미생물의 구조를 아는 데 많은 도움을 주고 있습니다. 또한 광학 현미경은 의학 분야에서 활용되어 병원균을 발견해 그 예방책을 찾게 만들어 주었습니다. 농업에서는 농작물에 해를 끼치는 것을 발견하게 하고 지질학에서는 광물에 들어 있는 아주 작은 양의 물질이라도 모두 찾아낼 수 있게 되었습니다.

그러나 과학 연구에서는 광학 현미경보다 더 높은 확대율이 필요했습니다. 그래서 전자 현미경이 등장하게 되어, 빛 대신에 전자 다발을 사용해서 몇십만배, 몇백만 배로 확대할 수 있게 되었습니다.

아주 먼 거리에 있는 대상을 가까이서 보는 것처럼 보여주는 망원경의 원리에 대해 알아봅시다.

현미경과 마찬가지로 망원경 역시 대물 렌즈와 접안 렌즈의 두 가지 렌즈로 되어 있는데, 이것들은 긴 통 속에 들어 있습니다.

이 망원경의 대물 렌즈를 자신이 보고자 원하는 먼 천체에 맞추어 놓고, 접안 렌즈를 들여다보면 원하는 천체를 볼 수 있습니다. 이런 종류의 망원경을 굴절 망원경이라고 부릅니다.

굴절 망원경 외에 반사 망원경이라는 것도 있습니다. 이것은 대물 렌즈가 렌즈로 되어 있지 않고, 어마어마하게 큰 오목 거울로 되어 있습니다. 망원경을 이용해서 최초로 천체를 관측한 사람은 갈릴레오 갈릴레이였습니다.

갈릴레오는 목성에 4개의 위성이 있다는 것과 달 표면, 수많은 항성, 은하수, 성운 등을 발견하였습니다.

현대의 천문학은 갈릴레오의 천체를 관측하는 망원경으로부터 시작되었다고 할 수 있습니다.

오늘날에 이르러서는 세계의 어느 관측소에서도 굴절 망원경을 몇 대씩 설치하고 있는데, 그런 것들 중에는 거인과 같이 엄청 큰 것도 있습니다.

망원경은 천체뿐 아니라 지상에 있는 것을 관찰하는 데에도 사용됩니다.

지상용 망원경은 항해, 군사, 항공 그리고 극장에서 영화를 볼 때도 이용되고 있습니다.

보통 이런 지상에서 사용하는 망원경은 좌우가 따로따로 조절이 가능한 쌍안경입니다.

투명 인간

사람이 자신의 모습을 남에게 보이지 않으려는 투명 인간에 대한 꿈은 아주 오랜 옛날부터 있었습니다. 우리 옛날이야기 중에도 '도깨비 감투'를 쓰기만 하면 그 사람은 보이지 않는다는 이야기가 있습니다.

'투명 인간'이라는 소설을 보면, 주인공은 사람의 몸을 보이지 않게 하는 약품을 발명합니다. 그리고 주인공은 투명한 몸으로 자기의 친구에게 투명 약품을 설명하는데, 그 내용은 다음과 같습니다.

"보인다 안 보인다 하는 것은, 물체가 빛에 대하여 어떤 작용을 하는가에 달려 있다. 물체들은 빛을 흡수하거나 반사하고 굴절한다. 만약 물체가 빛을 흡수도 하지 않고, 반사나 굴절도 시키지 않는다면 그것은 우리의 눈에 보이지 않을 것이다.

예를 들어, 빨간 통을 볼 수 있다는 것은 통에 바른 물감이 빛의 일부분을 흡수하여 다른 광선을 반사 또는 산란시키기 때문이다. 만약 통이 빛을 조금도 흡수하지 않고, 전부 반사해 버린다면, 그 통은 번쩍거리는 은색을 띨 것이다. 그리고 유리로 된 통이 덜 번쩍거리는 것은, 빛의 반사와 굴절이 작기 때문에 그 형태가 또렷하게 보이지 않는 것이다. 만일 빛깔이 없는 보통의 유리조각을 물 속에 집어넣고, 그 물 속에 물감을 풀어 넣으면 유리조각은 전혀 보이지 않고 사라져 버릴 것이다. 그것은 물 속을 지나 유리조각으로 떨어지는 빛이 매우 약하게 반사하고 굴절하기 때문이다. 공기 속에서 탄산가스나 수소의 흐름이 보이지 않는 것과 같은 이치로 설명이 된다.

그리고 또 유리를 깨뜨려서 가루로 만들면 그것은 공기 속에서 또렷하게 보이는데, 깨진 유리조각에는 반사와 굴절을 일으키는 유리 면이 많기 때문이다. 그러나 이것들을 물 속에 넣으면 전혀 보이지 않게 되는 이유는 유리와 물의 굴절률이 거의 비슷하기 때문이다. 그러므로 유리를 공기 속에서 보이지 않도록 굴절을 조절할 수 있다."

주인공의 설명이 잠시 중단되자 친구는, 사람은 유리처럼 투명물질이 아니므로 불가능하다고 말합니다. 그러나

주인공은 다음과 같이 설명을 덧붙입니다.

"종이는 투명한 섬유로 되어 있지만 우리 눈에는 흰색깔로 보인다. 그러나 흰 종이에 기름을 칠하면 종이는 유리처럼 투명해진다. 종이뿐만 아니라 우리들의 뼈?근육?손톱?발톱?신경도 이와 마찬가지로, 피 속의 적혈구와 머리털의 검은 색소를 제외하면, 사람의 구성 성분은 모두 투명한, 빛깔 없는 조직으로 이루어져 있다. 사람들이 서로를 볼 수 있는 것은 빨간 적혈구와 검은 머리털로 인한 것이다."

소설의 주인공은 인체기관의 모든 조직을, 그리고 그의 색소까지도 투명하게 하는 방법을 발명하였고, 실험은 성공하여 주인공은 완전히 보이지 않게 되었다는 이야기입니다.

이 소설 이야기가 아니더라도 1934년에 발견된 흰백변종(선천적으로 색소가 부족하여 온몸이 흰 빛깔이다) 개구리에 대해서 동물학자는 이렇게 묘사하고 있습니다.

"얇은 피부조직과 근육조직이 투명해서 내장과 골격, 간단한 구조의 심장과 소화관이 밖에서도 매우 잘 보인다."

사실 투명한 매질(물리적 작용을 옮겨주는 매개물)속에 있는 모든 투명물체는 그 물체와 매질 사이의 굴절 차가 0.05보다 작게 되면 보이지 않게 됩니다.

'투명 인간'이라는 소설이 쓰인 지 10년이 지난 후에, 동물의 일부분이나 전체를 투명하게 하는 물질을 만들어 냈습니다.

투명 표본은, 표백과 세척 등의 가공처리를 한 동물체를 살리틸산의 메틸에스테르(빛의 굴절성을 가진 색이 없는 액체)에 담그면 되는데, 이것은 해부학자들이 연구하기 위한 것으로 그 내장과 골격이 보여서 완전한 투명체는 아닙니다. 그러나 필요하다면 전혀 보이지 않게도 할 수 있겠지만 살아 있는 생물을 투명하게 하지는 못합니다. 왜냐하면 생물체의 몸에 이 액체가 상처를 줄지도 모르고, 두 번째로는 물체를 액체 속에 잠기도록 해야만 보이지 않게 되는데, 공기 중에서는 그 액체를 사용할 수 있는 방법이 아직 없기 때문입니다. 그러나 언젠가 과학이 더 발달하면 투명 인간의 꿈이 실현될 날도 올 것입니다.

그러나 그 꿈이 실현되어 투명 인간이 된다 할지라도 많은 문제점이 남겨지게 됩니다. 첫째, 여러분은 눈에 보이지 않는 투명 인간을 다치게 하지 않기 위해 매우 조심해야 할 것입니다. 왜냐하면 소설 이야기와는 달리 투명 인간 자신은 마치 장님처럼 사물을 전혀 볼 수 없기 때문입니다. 그래서 투명 인간은 사람들에게 밟히지 않기 위해 몹시 허둥대야만 할 것입니다.

그렇다면 투명 인간은 어째서 아무것도 볼 수 없는 것일까요? 그것은 신체의 모든 부분이 투명해지기 때문에 굴절률이 모두 공기의 굴절률과 같아지는 데에 그 원인이 있습니다.

그리고 투명 인간이 되면 눈도 따라서 투명해질 것입니다. 이 때 눈의 역할이 무엇인가를 먼저 생각할 필요가 있습니다.

눈의 수정체, 유리체 빛 여러 부분들은 외부에 있는 대상의 영상이 눈 안에 있는 망막 뒤에 맺혀지도록 광선을 굴절시킵니다.

그런데 눈과 공기의 굴절률이 같다고 하면, 이제 빛의 굴절을 일으키는 유일한 원인이 없어지고 만다는 이야기가 됩니다. 즉 동일한 굴절률을 가지는 하나의 매질로부터 다른 매질로 넘어갈 때에 광선의 방향은 변하지 않으며, 광선이 한 점에 모이지도 않는다는 이야기입니다.

광선은 전혀 굴절을 하지 않고, 또한 눈에는 색소가 없기 때문에 거기에 걸리지도 않으면서 아무런 방해도 없이 투명 인간의 눈을 그대로 지나가고 맙니다. 따라서 그는 아무것도 볼 수 없게 됩니다.

투명 인간이 된다는 것은 과학이 더욱 발달하면 가능해질 수도 있겠지만, 투명 인간 자신은 아무것도 할 수 없을 뿐만 아니라 보통의 장애자보다 더욱 불편한 생활을 하게 될 것입니다. 왜냐하면 눈이 멀고 벌거숭이인 투명 인간은 사람들 사이를 지나면서 밟히기가 일쑤이고, 남들에게 보이지 않기 때문에 누구에게도 도움을 청할 수도 없기 때문입니다. 투명 인간이 된다면, 그 사람은 그 날부터 고통스런 생활이 시작될 터이지요.

물 속에서 보는 지상세계

여러분들은 우리가 살아가는 세상을 물 속에서 본다면 얼마나 괴상하게 보일지 상상도 못할 것입니다.

이제 여러분이 물 속에 들어가서 세상을 본다(여기에서의 가정은 물고기의 눈으로 보는 세상을 말한다)고 가정해

봅시다.

머리 위에 떠 있는 하늘의 구름은 그 형태에 아무 변화가 없이 그대로 보일 것입니다.

이것은 수직으로 들어오는 빛은 굴절되지 않기 때문입니다.

그러나 다른 것들은 모든 대상들에게서 나오는 빛이 물 표면과 예각(직각보다 작은 각)을 이루면서 들어오게 되어 모두 찌그러져 보일 것입니다.

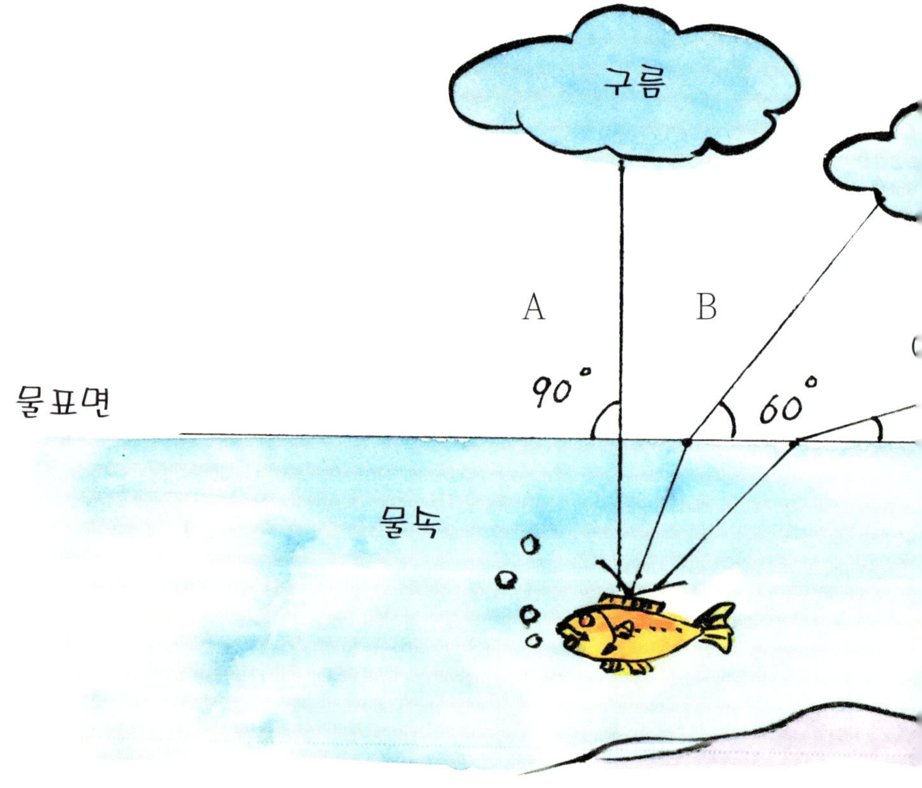

이 때 빛이 수면과 만나는 각이 작을수록 대상들의 높이는 더 세게 압축되어 보입니다. 즉 180도의 공간이 거의 97도의 원추 내에 압축되어 보입니다. 따라서 영상은 불가피하게 찌그러져 보이게 됩니다.

만약 물 위의 대상에서 나오는 광선이 수면과 10도의 각을 이룰 때에 그 대상을 본다면, 그것은 거의 상을 구별할 수 없을 정도로 압축되어 보일 것입니다.

더 놀라운 것은 물 표면인데, 물 표면을 물 밑에서 볼 때에는 물 표면이 평탄하게 보이지 않고 원추형으로 보입니다.

그리하여 여러분들에게는, 경사진 커다란 깔때기 아래에 자신이 앉아 있는 것같이 보일 것입니다. 그리고 이 원추의 꼭대기에는 붉은 선, 노란 선, 초록선, 푸른 선, 자주색 선들로 된 무지개의 가락지로 둘러싸여 보일 것입니다.

그러면 어째서 이런 현상이 일어났을까요?

태양 빛은 여러 가지 빛깔로 구성되어 있습니다. 각각의 빛은 자기의 굴절률과 각에 따라 나타나기 때문에 휘황찬란한 무지개색의 갓 모양이 보이게 되는 것이지요.

이 밖에도 번쩍거리는 물 표면은 거울과 같이 물아래의 대상들을 모두 반사시킵니다.

만약 일부는 물 속에 잠기고, 일부는 물 밖에 나가 있는 물체가 있다면, 물 속에서는 아주 이상한 모양으로 보일 것입니다.

물고기는 강바닥을 걸어가는 사람을 본다면, 두개로 갈라진 괴물(물 위쪽은 머리만 있고 물 아래로는 팔 다리가 네 개씩 달린 괴물)로 볼 것입니다. 그리고 사람이 물고기로부터 점점 멀어지면 두 몸체가 점점 압축되다가 혼자서

떠돌아다니는 머리만 보일 것입니다.

그러나 이러한 이야기는 우리 인간의 눈에서는 도저히 불가능한 것입니다.

만일 물 속에서 눈을 뜬 채로 견딜 수 있는 기술을 배웠

다고 할지라도 물 속에서 우리가 편안히 볼 수 있도록 물결이 잠잠하지는 않습니다. 출렁거리는 물 표면으로 물체를 분간하기는 어렵습니다.

또한 이런 현상을 볼 수 없는 가장 큰 이유가 있습니다. 물의 굴절률은 우리의 눈을 구성하는 투명매질의 굴절률과 큰 차이가 없습니다. 따라서 망막에는 아주 똑똑하지 못한 영상을 나타내기 때문에, 주위는 안개처럼 희미하게 보입니다.

잠수모를 쓰고 본다거나 잠수함의 유리창으로 내다보아도 결과는 마찬가지입니다. 이 경우에는 관측자가 물 속에 있다고 해도 물 속에서 생활하는 어류들의 눈과 같은 형태로 볼 수가 없기 때문입니다.

그러므로 물 속에서 보는 세상 모양이 어떤가를 알기 위해 물 속으로 뛰어들어갈 필요는 없습니다.

물고기의 눈과 같은 구조로 물 밖을 보는 것은 어안 렌즈로 된 카메라를 사용하면 가능합니다.

어안 렌즈라는 이름은 물고기의 눈과 같이, 보는 범위가 넓은 렌즈를 말합니다.

물고기의 눈은 공을 반쯤 잘라 놓은 형태입니다. 밖으로 툭 불거져나와 우리가 보기에는 좀 이상하게 보이지만 물고기는 그 눈 덕택으로 180° 도의 시각을 갖습니다.

사람이 120° 도의 시각을 갖는 것에 비해 물고기는 단번에 상당히 많은 것을 볼 수 있는 것이지요.

이러한 눈의 형태는 나무 그늘 뒤에 숨어 있는 사람도 잘 볼 수 있습니다. 그러므로 낚시터에서 사람이 물고기에게

들키지 않으려고 나무 뒤에 숨어있다든가, 살금살금 걸어간다 해도 아무 소용 없는 일입니다.

물 속에서 물고기가 사물을 보는 것을 어안렌즈로 찍어보면 아래의 그림과 같습니다.

빛의 속도

우리가 생활하는 자연계에서 가장 빠른 속도로 달리는 것은 무엇일까요?

그것은 빛입니다 빛의 속도는 대단히 빠르기 때문에 이 속도를 측정하기 위해서는 아주 복잡한 실험이 필요합니다.

빛의 속도를 광속이라고 부르는데, 오늘날에는 빛의 속도가 1초마다 299,998.9킬로미터 즉, 30만킬로미터에서 1.1킬로미터가 모자라는 속도라는 것까지 연구되었습니다.

이 속도는 완전히 비어 있는 진공 속을 통과하는 것으로 치고 계산한 것이기 때문에, 대기 중에서는 이보다 좀 느린 속도를 가집니다.

영국과 프랑스가 공동으로 1971년에 만든 초음속여객기인 콩코드는 마하 2.05로 날아갑니다. 마하 1은 소리의 속도(1초에 340미터를 가는 속도)와 같은 것으로, 1시간에 약 2,500킬로미터를 가는 속도입니다. 콩코드가 가장 빠른 여객기라고는 하지만 빛이 1초에 약 30만 킬로미터를 가는데 비해 소리가 한 시간을 걸려서 가는 속도는 어른과 젖먹이 아이의 달리기와도 같이 엄청난 차이를 보입니다.

진공 속의 빛의 속도는 물리학에 있어서 대단한 값이라고 할 수 있습니다.

그것은 자연계에서 가장 빠른 속도로써, 어떤 물체라도 진공 속에서 광속보다 빠른 속도로 움직일 수는 없습니다.

이러한 빛의 빠른 속도를 직접 우리 눈으로 확인할 수 있는 방법이 있습니다. 그것은 번개가 번쩍하고 온 거리를 비출 때 알 수 있습니다.

많은 사람들은 번개의 빠른 속도를 보았을 것입니다. 번개가 잠깐 동안 번쩍일 때 눈에 들어오는 풍경은 모두 멈추어져 보입니다.

거리를 지나는 사람의 한 쪽 다리가 들려 있고, 눈을 깜박이지도 않은 채, 꼭 사진 속의 모습과도 같습니다.

이상하게 느껴지기는 하지만, 번개는 1초를 만으로 나눈 것보다도 더 빨리 지나는 것입니다.

그러나 속도가 가장 빠른 빛이라 할지라도, 높은 밀도에 의해 생기는 중력의 구멍인 블랙홀에 흡수되면, 빛은 그곳을 빠져 나오지 못하고 그대로 사라져 버리고 맙니다. 빛에게도 약점은 있는 것이지요.

쌍둥이 형제의 우주 여행

어느 시골 마을에 쌍둥이 형제가 살고 있었습니다.

형은 공부도 잘 하고 똑똑했지만 동생은 어리숙해서 형처럼 똑똑하질 못했습니다. 형은 공부를 열심히 해서 스무살이 되었을 때 우주선을 타고 비행하게 되었습니다. 형이 탄 우주선은 빛의 속도에 가까운 99퍼센트라는 굉장한 속도로 비행했습니다.

형이 우주에서 비행을 하는 동안, 지구에 남아 있던 동생은 80살이 되었습니다. 이 때 여행을 마치고 돌아온 형이 지구에 내려 동생을 찾아보았는데, 동생은 할아버지가 되어 있었습니다. 형은 깜짝 놀라고 말았습니다. 동생은 할아버지 모습이었지만 자신은 아직 32살 정도밖에 안된 것처럼 젊은 모습이었기 때문입니다.

이것은 물론 공상이야기에 불과하지만, 쌍둥이 형제가 어째서 서로 다른 모습을 했는가에 대한 이유는 과학적인 설명이 가능합니다. 왜냐하면 비행하는 우주선 속에서는 지구에서보다 시간이 훨씬 느리게 흘렀기 때문입니다.

아직까지는 빛의 속도로 비행할 수 있는 우주선은 없습니다. 그러나 언젠가는 반드시 빛의 속도로 비행하는 우주선을 만들 수 있을지도 모릅니다.

그렇게 되면 타임머신도 가능해질 것입니다. 타임머신은

빛보다도 훨씬 더 빨리 움직이는 것이므로 그렇게 되면 과거로 거슬러 올라갈 수도 있을 것이기 때문입니다.

만약 이런 일이 실현된다면 해왕성이나 명왕성은물론 다른 태양계까지도 탐사를 가서 어쩌면 외계인을 만날 수도 있을 것입니다.

밤하늘에서 아주 작게 빛나는 별들은 우리가 상상할 수도 없을만큼 먼 거리에 있습니다. 빛의 속도로 날아간다 해도 몇십 년, 몇백 년이 걸리는 거리입니다.

하지만 만약 우주선이 광속에 가까운 속도로 비행을 계속한다면 어떻게 될까요? 타고 있는 동안은 시간이 천천히 지나가기 때문에 지구 위에서는 몇세기가 갔다고 해도, 우주선 안에서는 불과 몇 년밖에 지나가지 않은 것이 도리일 것입니다. 그리고 그동안에 그의 부모형제, 친척, 친구들은 모두 세상을 떠나고, 그를 맞이해 주는 사람은 그의 증손자뻘 정도가 될지도 모릅니다.

지금으로서는 이런 이야기가 공상같이 여겨지지만, 상대성 이론에 의하면 미래의 어느 날 반드시 현실로 이루어질 것입니다.

빛은 색을 만드는 요술쟁이

색깔이란 무엇일까요? 사과는 왜 붉을까요? 이러한 의문은 지금으로부터 약 2천 여 년 전, 그리스 과학자들 때부터 비롯되었습니다. 그렇지만 이 의문에 대한 답은 그로부터 오랜 뒤인 1700년대에 이르러서 얻을 수 있었습니다.

그리스 과학자들이 첫 번째로 부딪친 문제는 '깜깜한 어둠 속에서도 색깔이 존재하는가' 라는 철학적인 성격의 문제였습니다. 이 문제에 대해 아리스토텔레스는 이렇게 대답했습니다.

"우리가 어떤 물체를 볼 수 있는 이유는 빛과 눈이 있기 때문이다. 눈을 감으면 아무것도 안 보이듯이 빛이 없는 어둠 속에서는 어떤 물체도 볼 수 없다. 색깔도 마찬가지다. 어둠 속이라 해서 색깔이 없어지는 것은 아니다 단지 빛이 없기 때문에 우리 눈에 보이지 않을 따름이다.”

이러한 아리스토텔레스의 주장에 대해 데모크리투스를 비롯한 원자론자들은 색에 대해 다음과 같이 설명했습니다.

"세계는 원자와 진공으로만 이루어졌다. 따라서 색깔, 냄새, 맛, 소리와 같이 우리가 감각으로 느끼는 모든 것은 원자와 우리의 감각기관이 상호작용한 결과이다. 색은 빛을 이루는 원자가 물체에 부딪치고, 그것이 다시 눈으로 들어옴으로써 우리의 눈을 자극한 것에 불과하다. 따라서 빛이 없는 캄캄한 어둠 속에서는 물체의 색깔도 존재하지 않는다. 색깔이란 빛과 눈과 같은 감각기관이 있어야만 존재한다. 마찬가지로 우리가 사는 지구상의 생물체가 모두 멸종한다면 색깔도 사라진다."

이 두 가지 학설이 있었지만, 고대 그리이스 사회에서는 아리스토텔레스의 주장만이 받아들여졌습니다 이러한 아리스토텔레스의 우세는 17세기 과학혁명이 이루어지기까지 계속되었습니다.

과학혁명이 시작되자, 철학과 과학의 모든 분야에서 아리스토텔레스의 의견을 반박했습니다.

갈릴레오는 색깔이란 물체 자신이 가지고 있는 것이 아니라 물체에 반사된 빛이 인간의 눈에 들어와 일으키는 감각이라고 주장했습니다.

철학자이자 화학자인 보일은, 여러 가지 예를 들어 고대 데모크리투스의 원자론자를 지지하여 다음과 같이 주장하였습니다.

"우리 눈에 흰색으로 보이는 눈덮인 벌판은 단지 빛을 최대한 반사한다는 특징을 가지고 있을 뿐이다. 인간이 없어도 눈내린 평원은 빛을 많이 반사한다. 그렇지만 그것은 흰색이라 할 수 없다. 단지 그것은 다른 물체에 비해 빛을 많이 반사할 뿐이다. 만약 빛이 없다면 눈은 흰색이 아니다. 거기에 빛을 쬐어주어야만 비로소 흰색이 되는 것이다. 따라서 어둠 속에선 색깔이란 존재하지 않는다."

색깔에 대해 가장 체계적이고 이론적인 설명을 했던 과학자는 데카르트였습니다.

데카르트가 색깔의 비밀을 풀기 위해 시도했던 작업은 무지개를 인공적으로 만드는 것이었습니다. 그는 속이 빈 둥근 유리 구슬을 만들어 그 속에 물을 가득 채우고 가느다란 광선을 비추었습니다.

이 실험에서 광선과 눈의 각도가 적당히 맞추어졌을 때, 붉은 색깔이 유리구슬의 아래 부분에 만들어진다는 사실을 알게 되었습니다.

무지개의 색깔은 빛이 물방울에 부딪쳐서 굴절되고, 반사된 후 다시 굴절되어 만들어지는 것이라는 사실을 입증한 것입니다.

데카르트는 이 실험으로 색깔에 대한 모든 문제가 해결되었다고 믿었습니다. 그러나 그로부터 몇십 년이 지난 뒤, 색깔의 문제는 뉴턴에 의해 완전히 해결되었습니다.

뉴턴은 매우 엉뚱한 방향에서 색깔의 문제에 접근했습니다. 그는 방을 어둡게 하고 창문에 작은 구멍을 낸 후, 그 구멍을 통해 들어오는 가느다란 빛줄기를 프리즘에 쬐여 무지개를 얻어냈습니다. 사실 이 실험은 뉴턴 이전에도 많이 이루어지고 있었습니다. 하지만 뉴턴은 이 실험을 통해 이전과는 전혀 다른 결론을 얻어냈습니다.

뉴턴은 백색의 빛이 여러 색깔로 나누어지는 것을 보고, 원래의 빛에는 서로 다른 색깔의 빛이 모두 섞여 있다고 생각했습니다. 그 때에야 겨우 색깔의 문제가 설명되었습니다.

붉은 색은, 물체에 쪼여진 빛 중 붉은 색을 나타나게 하는 빛만 반사하고 나머지는 흡수하는 것입니다.

노란색은 물체에 쪼여진 빛 중 노란색을 나타내는 빛만을 인간의 눈으로 반사하고 나머지는 흡수하는 것입니다.

파란색, 보라색, 주황색 모두 똑같이 설명될 수 있었습니다. 이런 과정을 통해 근대적 의미의 색깔에 대한 이론이 만들어졌습니다.

지금은 누구에게 물어보아도 초등학교를 다닌 사람이라면, '왜 나뭇잎이 초록색이냐' 고 묻는다면 '나뭇잎은 초록에 해당되는 빛만을 반사하고 나머지는 흡수하기 때문이다' 라고 대답할 수 있을 것입니다.

이처럼 지금은 누구나 다 알고 있는 색깔에 대한 설명은 17세기 말엽에야 겨우 얻어진 것이랍니다.

동물과 빛

대부분의 생물체들은 모두 빛에 대하여 놀랄만큼 민감하게 반응합니다. 예를 들어 최하등 동물인 아메바는 몸 전체로 빛을 느끼고, 빛 자극이 변화함에 따라 몸을 움직이거나 수축합니다.

아메바를 어두운 곳에서 밝은 곳으로 옮겨 놓으면, 눈에 띄지 않을 정도로 천천히 몸이 커집니다. 그러나 얼마 동안 시간이 지나면, 더 센 빛을 받을 때까지는 몸이 다시 수축합니다.

어떤 종류의 아메바는 특정한 강도의 빛을 좋아해서 만족스러운 정도의 빛을 찾을 때까지는 이리저리 돌아다닙니다.

한편, 녹색 히드라는 비교적 빛이 약한 곳으로 모여듭니다. 또 어떤 종류의 폴립(산호류의 작은 수생동물)은 일주성(하루를 주기로 순환운동을 하는 성질)을 갖고 있기도 합니다.

빛이 동물에 미치는 영향에 관하여 마이어와 슈나이더는 다음과 같이 말했습니다.

"동물이 최종적으로 정착하는 곳은 주로 빛, 물속에 있는 산소량 및 온도에 의해 정해진다. 그러나 온도가 극단적인 경우와 그 동물에게 일정기간 동안 먹이가 주어지지 않는 경우를 제외하고는 빛이 가장 중요하게 영향을 미친다.”

그러나 이들의 주장과는 반대로 지렁이와 같은 생물들은 빛을 받게 되면 생명이 위험해집니다. 어떤 종류의 지렁이들은 어두운 곳으로만 이동해 가는데, 어느 한쪽에서 빛이 오면 그것들은 빛의 방향과는 반대쪽으로 움직입니다. 또 숨을만한 곳이 없는 곳에서 빛이 내리쬐면 갈피를 잡지 못하고 이리저리 돌아다닙니다.

지렁이는 햇빛을 가장 무서워하기 때문에, 몸이 물에 잠기지 않는 한 절대로 땅 속에서 나오지 않습니다.

불가사리는 안점(편모충류의 몸에서 볼 수 있는 붉은 색의 점으로 시각기관이다)을 절단하면 피부를 통하여 빛에 반응합니다.

한쪽 눈이 제거된 괄태충은 눈이 없는 방향으로 맴돌기를 계속하는데 이것은 눈이 없는 쪽이 어둡게 느껴지기 때문입니다. 바퀴벌레도 역시 빛이 있는 곳에는 잘 나타나지 않습니다.

최하등 동물들은 빛을 감지하기는 하지만 색을 느끼는 감각이 있는지는 분명하지 않습니다.

그러나 곤충류, 어류, 파충류 및 조류에는 색시각이 있습니다. 포유동물들의 대부분이 색시각이 없지만 원숭이와 인간에게는 색시각이 있습니다.

곤충에도 색시각이 있다고 해서 곤충의 색시각과 인간의 색시각이 같은 것은 아닙니다. 과학자들은 곤충들의 눈이 녹색, 파란색, 보라색, 그리고 자외선까지도 감지하는 것과, 광대파리의 경우는 X선에 접근할 정도로 짧은 파장에도 반응하는 것을 관찰했습니다.

어떤 과학자는 프리즘을 통과한 빛을 상자 속에 비추게 하고 개미를 상자 속에 넣어 두자, 개미가 어린 새끼 벌레를 빨간빛 쪽으로 물어나르는 것을 발견했습니다.

폰 프리쉬의 실험에 의하면 꿀벌은 노란색과 파란색, 보라색, 자주색을 모두 구별하였습니다.

이러한 사실은 꿀벌이 특정한 색으로 날아가서 먹이를 얻도록 하는 실험을 통해서 알려진 것입니다. 그러나 빨간색에 대하여는 기운이 빠진 듯이 당황했고, 빨간색과 회색을 구별하지도 못했습니다.

프랭크 루츠의 실험 결과에 의하면, 곤충은 인간의 시각과는 다른 시각을 갖고 있을 뿐만 아니라, 곤충의 날개에 그려진 무늬까지도 곤충의 눈으로 보면, 인간에게 보이는 것과는 다르게 보인다고 합니다.

나비가 자외선을 볼 수 있다는 것은 분명합니다. 예를 들어 백일홍은 자외선을 반사하지 않는 반면 채송화는 자외선을 반사합니다. 그러므로 이 채송화와 백일홍의 색이 인간의 눈에는 같게 보일지라도 나비의 눈에는 상대적으로 밝거나 어둡게 보일 것입니다. 또한 나비 자신이 날개의 무늬나 나방의 날개 무늬를 보는 것과 인간이 보는 것과는 서로 다르게 보일 것입니다.

어류의 색에 대한 반응에 대해서는 고든 린 월즈라는 학자가 연구하였습니다. 그는 색시각을 갖지 않은 물고기는 한 마리도 없다고 말했습니다. 그러나 많은 물고기 중 빛이 들어오지 않는 동굴이나 깊은 바다에 사는 심해어의 경우는 색시각은 물론이고, 눈이 거의 퇴화해 버린 경우도 있습니다.

그렇다고 해서 물고기와 색이 관계가 없는 것은 아닙니다. 코라 리브즈의 송사리를 사용한 실험에 의하면, 빛이 증가됨에 따라 물고기의 호흡이 증가한다는 것이 발견되었습니다.

또 송사리와 빛 사이에 빨간 유리가 가로 놓이면 호흡이 더 증가한다는 사실도 함께 알아냈습니다.

리브즈의 실험에 대해 고든 린은 다음과 같이 말했습니다.

"이 실험을 통하여 빨간 빛에 대한 물고기의 반응이 어떠한가 하는 점이 매우 명확하게 밝혀졌다. 왜냐하면 빛이 증가함에 따라 물고기의 호흡율이 증가했을 뿐 아니라, 색이 있는 필터를 사용함으로써 빛이 감소되었는데도 호흡율은 더욱 더 늘어났기 때문이다."

이 실험은 색이 물고기의 행동에 커다란 영향을 미친다는 사실을 알려주는 것이었습니다.

한편 마스트는 여러 가지 색으로 바닥을 칠한 어항들을 사용하여 가자미류에 관한 실험을 했습니다. 그는 실험에 의해 파란색에 적응한 물고기는 파란색이 칠해진 곳을 편안한 장소로 택하고, 다른 색이 칠해진 곳은 피하는 경향을 발견했습니다.

물고기들은 시각을 통하여 몸의 색을 변화시킬 수도 있지만, 시력을 상실하면 몸의 색깔을 변화시키는 능력도 없어집니다. 또한 물고기들은 빛의 크기가 조금씩 변화할 때는 별다른 반응을 보이지 않지만, 바닥 또는 주위의 밝고 어두움이 갑자기 바뀌면, 물고기의 몸은 그 주위의 색깔로 재빨리 바뀝니다.

조류에 있어서는 색에 대한 반응이 고도로 발달되어 있어서 조류의 시각기관은 그 구조가 복잡할 뿐 아니라 기능 또한 여러 가지입니다.

대부분의 조류는 망막의 안와부(망막이 움푹 패인 부분으로 시각이 가장 예민한 부분이다)를 가지고 있어서 날고 있는 동안에도 먹이를 똑똑히 볼 수 있습니다.

또 한 가지는 조류의 눈에는 빨간색, 주황색, 노란색의 색입자가 들어있다는 것입니다. 낮에 활동하는 새의 눈에는 노란색이 가장 많이 들어 있는데, 이것은 파란 빛을 차단하고 눈부심과 번쩍임을 적게 해 주어서 물체가 똑똑하게 보이도록 합니다.

이와 마찬가지로 빨간 입자는 새가 이른 아침에 먹이를 찾는 일을 도와줍니다.

아침에는 햇빛이 공간을 비스듬히 가로지르며 붉은 빛을 띠기 때문에 새의 눈에서 빨간 입자가 반응하는 것입니다.

이런 이유로 새들은 빨간색은 놀라울 정도로 잘 보지만 대개의 경우 파란색은 잘 보지 못합니다.

그렇다면 밤에 활동하는 새들의 눈은 어떨까요? 밤에 활동하는 새들은 빛에 대해 크게 반응할 필요가 없으므로 색 입자가 아주 조금밖에 들어 있지 않습니다.

올빼미 같은 새의 눈은 적외선에 아주 민감하여 먹이의 몸에서 발산되는 열을 탐지해냄으로써, 칠흑 같은 어둠 속에서도 먹이를 똑똑히 볼 수 있습니다.

적외선은 인간의 눈동자에는 아무런 반응을 일으키지 못하지만, 올빼미의 눈에 적외선을 비추면 눈동자가 수축하고 또 깜짝 놀라기도 합니다.

조류에 있어서는 특정한 색을 특히 좋아하는 경향이 있습니다. 그것은 아마도 먹이를 잡는 것과 관련이 있을 것입니다.

한 예로 벌새는 빨간색을 매우 좋아하며 빨간 용기나 빨간 유리병 속에 들어 있는 먹이를 쉽게 잡아먹습니다.

한편, 아더 애버트는 새들이 초록색을 좋아하지 않으므로, 농작물에 주는 농약의 색깔을 초록색으로 해야 한다고 주장했습니다. 애버트가 주장을 했던 실험결과는 다음과 같습니다.

"어떤 보리밭을 3등분하여 그 중 두 부분은 노란색과 초록색으로 염색하고 나머지 한 부분은 염색하지 않은 채로 남겨두었다. 그 결과 염색하지 않은 부분에서는 28마리의 새가 농약에 중독된 반면, 노란색으로 염색한 부분에서는 9마리의 새가 중독되었고, 초록색으로 염색한 부분에서는 단한 마리의 새도 중독되지 않았습니다."

대부분의 포유동물들은 사실상 색맹입니다. 따라서 포유동물들의 색채에 대한 반응은 더욱 더 흥미있는 연구거리가 됩니다. 왜냐하면 포유동물이 색을 느끼는 감각이 없다면 아마 다른 어느 부분에서는 색에 대한 반응이 있을 것이기 때문입니다. 이것은 실험을 통해서 밝혀졌습니다.

루드비히와 폰 리이스는 파란 빛을 받으며 자란 생쥐는 정상적인 빛을 받으며 자란 생쥐와 같은 정도로 성장하지만, 빨간 빛을 받으며 자란 생쥐는 대체로 몸무게가 더 많이 나간다는 사실을 발견하였습니다.

프레스코트는 이 실험에 관하여 이렇게 말했다.

"생쥐들도 역시 호르몬 물질의 활동이 빨간 빛에 의해 증가되고, 보라색 빛에 의해 억제되며, 빨간 빛에 의해 다시 활성화 될 수 있다는 믿음을 표현한 것이다."

포유동물은 색을 느끼는 감각이 필요하지 않은듯 하지

만, 사실은 색에 대한 영향을 받고 있었습니다.

소와 힘겨루기로 유명한 스페인의 투우에서, 투우사는 빨간 천을 들고 와서 소를 흥분시킵니다.

그러나 소는 불행하게도 색맹이어서 투우사가 흔드는 천이 빨간색인지 파란색인지 전혀 모릅니다.

그런데도 소가 화가 나서 이리저리 날뛰는 것은 천의 색깔을 보고 그러는 것이 아니고, 천이 펄럭이기 때문에 도전성을 띠는 것입니다.

우리 나라의 소는 사람이 지나가건 빨간 깃발이 펄럭이건 아무 반응도 없지만, 스페인의 소는 원래 움직이는 물체를 보면 공격적이 됩니다. 그렇다면 소가 볼 수도 없는 색을 왜 투우사들은 사용할까요?

그것은 구경하는 사람들을 흥분시키기 위해서입니다. 사람은 빨간색에 대해 상당히 민감한 반응을 보입니다.

한 실험에 의하면, 감옥에 붉은색을 칠해 놓으면 그 안의 사람은 매우 불안해하다가 결국 히스테리 증상까지 보인다고 합니다. 만약 그 실험을 계속한다면, 갇힌 사람은 정신 이상자가 되고 말 것이라고 합니다.

색에 대한 사람의 반응은 이처럼 큽니다. 사람이나 동물들도 식물과 마찬가지로, 살아가는 가운데 색채에 의한 여러 가지로 많은 영향을 받는다는 것이 실험을 통해 확인되었습니다. 그리고 많은 실험의 결과는 색이 눈에 보이거나 안 보이거나 간에 건강과 질병 및 행복의 감정에 영향을 준다는 것입니다.

보호색

대부분의 생물체들은 같은 곳에서 계속하여 성장하면서 주위 환경과 닮은 모습, 즉 닮은 색을 띱니다.

이것을 보호색이라 하는데, 이렇게 보호색을 띠는 것은 다른 동물체로부터 자신의 모습을 환경과 비슷하게 만들어 스스로를 보호하기 위해서입니다.

나방이라든가 두꺼비, 새, 포유동물 등은 모두 덤불과 비슷한 색인 누르스름한 색을 띱니다. 같은 지역에서 서식하는 동물이라도 메기?개구리 및 뱀 등은 초록색을 띱니다.

사막에서 사는 동물들은 대체로 밝은 색을 띠고, 물새는 여러 가지 색이 혼합된 부드러운 색을 띱니다.

정글 속에서 사는 새는 화려한 빛깔을 띠나 포유동물들은 누런 색을 띱니다. 맑은 물에 사는 물고기들은 현란한 색채를 띠지만, 흙탕물 속에서 사는 물고기들은 얼룩덜룩한 반점이 있는 거무스름한 색입니다. 그리고 바다에서 사는 물고기들은 거의 모든 종류가 비슷한 화려한 색을 띠고 있습니다.

괴상하게 얼룩진 모양과 색을 띰으로써 다른 동물들의 눈을 속이는 것에는 나비, 나방, 새, 뱀, 표범과 호랑이 같은 동물들이 있습니다.

청둥오리의 초록색, 파란색, 자주색, 흰색, 검정색 등이 어우러진 색깔은 그것이 바위 틈이나 잡초 틈, 또는 수생 식물의 꽃 사이에 내려앉았을 때 효과적으로 몸을 가려줍니다. 그러므로 청둥오리가 이리저리 돌아다닐 때에는 그곳에 뭔가 있다는 것만 알 뿐, 정확한 형체를 알아낼 수가 없습니다.

공작이라든가 앵무새, 풍금조, 벌새 등은 다른 동물보다 돋보이는 색을 가지므로 아름답게 보이지만, 새들로서는 먼저 제 몸을 보호하려는 데서 비롯되었습니다.

무서운 독을 지닌 생물들은 눈에 잘 띄지 않는 것이 아니라 오히려 눈에 더 잘 띕니다.

독개구리라든지 코브라, 까치독사, 스컹크 같은 것들은 겁날 것이 별로 없으므로 그 별난 옷을 입고 으스대는 것입니다.

포유동물들의 색은 대체로 누르스름한 색, 검으스름한 색, 희끄무레한 색, 그렇지 않으면 흰색이 전부입니다.

포유동물들에게서는 한 가지 색으로만 된 동물은 거의 드물지만, 몇 종류의 원숭이와 비비는 얼굴과 엉덩이가 빨간색입니다.

포유동물의 털색은 계절에 따라 바뀔 수도 있습니다.

담비의 털색은 갈색이지만 겨울에는 황색으로 변합니다. 산토끼도 겨울이 다가오면 털이 흰색으로 바뀝니다. (이것을 털갈이라 합니다)

쐐기나 나비, 게 같은 동물들은 살아가는 동안 환경이 변화하면 몸 색깔도 바뀝니다.

새우도 그것이 숨는 장소에 따라 색이 변합니다. 어떤 종류의 새우는 밤이면 투명한 파란색으로 색이 변하는데, 새벽이 될 때까지는 그 투명한 파란색이 그대로 지속된다고 합니다.

순간적으로 이루어지는 몸 색깔의 변화는 가장 놀라운 자연의 요술입니다.

몇 가지 종류의 갑각류들은(바다가재, 게, 새우 등) 그것들이 기어다니는 곳의 색에 따라 자신의 색을 조절합니다.

집에서 기르는 토끼들 가운데도 살빛이 흰색, 빨간색, 초록색, 갈색 등으로 바뀌는 종류가 있습니다.

이렇게 색깔이 변하는 이유는, 눈을 통하여 자극이 들어오면, 색소세포가 확산되거나 수축되어 여러 가지의 색이 생겨나기 때문입니다. 그러나 토끼의 색의 변화는 분명한 색 변화가 아니고, 그저 밝기와 색이 약간 변화하는 정도일 뿐입니다.

가자미류들은 몸의 색뿐만 아니라, 무늬까지도 바다 밑 바닥에 깔린 바위나 모래의 모양과 같이 바꿉니다.

오징어는 가자미가 가진 능력을 갖춘 것 외에도 먹물주머니까지 가지고 있어서 적이 나타나면 그 둘레로 검은 먹물을 덮어 씌우고 도망가 버립니다.

또 대부분의 열대어들은 몸에 무지개처럼 변하는 색채조

절판을 갖고 있어서, 여섯 가지 또는 그 이상으로 빛깔이 변합니다.

열대어들은 뚜렷한 이유가 없이도 갑자기 몸의 빛깔이 밝아지거나 가끔씩 색을 바꾸기도 합니다. 아마도 그것은 열대어들이 놀랐거나 화가 났거나 괴롭힘을 당하기 때문인 것 같습니다.

아메리카의 카멜레온은 자연에서 마술을 펼치며 공연하는 배우처럼 색 변화가 빠르고 다양합니다.

이 동물의 색깔이 변화하는 이유는 확장하거나 수축하는 색세포에, 작은 입자가 보충되기 때문입니다. 평상시에 이 동물의 색은 밝은 에메랄드 빛과 같은 녹색입니다. 그러나 이 동물은 빛에 무척 민감하기 때문에, 잠을 자고 있는 동안에도 몸의 색깔이 변합니다. 그리고 이 동물이 돌아다니면, 몸의 색깔이 수시로 바뀝니다.

몸의 색깔 변화가 눈으로 직통 연결된 것처럼, 무척 빠릅니다.

카멜레온이 화가 났을 때는 좀 우스운 동작을 취합니다.

우선 몸의 색깔이 까만색으로 변하고 빨간 입을 크게 벌림으로써 적에게 무섭게 보이려고 합니다.

동물들의 이와 같은 보호색은, 사람들의 발명들보다 훨

집 토끼의 색깔이 변하는 이유는 눈을 통해서 자극이 들어오면 색소세포에 변화가 일어나기 때문이야~

열대어는 굉장히 많은 색으로 변하는구나!

씬 뛰어나다고 할 수 있습니다. 많은 동물들이 주위환경의 변화에 따라서 자기의 '보호색'의 빛깔을 바꾸는 능력을 가지고 있습니다.

사람들은 동물들의 보호색을 스스로 만들어 낼 수는 없지만, 동물들의 보호색으로부터 힌트를 얻어 옷차림을 통해서 주위의 배경과 혼동시킵니다.

이것은 주로 전쟁에서 많이 이용되고 있는데 현대의 군

용 항공기에 의해 이러한 위장술이 널리 이용되고 있습니다.

땅색과 같은 흑색, 짙은 누런색, 푸른색들로 얼룩덜룩 물들인 비행기는 하늘에서 내려다볼 때에 땅 표면의 배경과 구별하기가 매우 어렵습니다.

또 땅에서 하늘을 볼 때, 나는 비행기를 위장시키기 위해, 비행기의 아래쪽을 하늘의 배경과 비슷한 밝은 하늘색, 밝은 장미색, 흰색으로 칠합니다.

이렇게 색깔을 칠하면 750미터의 상공에서 나는 비행기는 흐릿해서 혼동이 되고, 3,000미터의 상공에서는 아예 비행기가 보이지 않게 됩니다.

모든, 많은 조건들에 대해 가장 좋은 방어색은, 배경을 그대로 반사하는 거울면입니다. 이러한 면을 가지고 있는 물체는, 먼 거리에서라면 그 존재를 밝히는 것이 무척 어려울 것입니다.

이 위장술은 제 1차 세계대전 당시 비행기 도색에 적용되었습니다. 비행기들의 표면에는 번쩍거리는 알루미늄색 칠을 해서 그것이 하늘과 구름을 반사하도록 만든 것입니다. 만약 엔진의 부르릉거리는 소리만 없다면, 이러한 비행기를 알아내는 것은 매우 어려운 일이었을 것입니다.

투명 인간의 꿈이 아직은 공상 소설에 불과한데 비하여, 보호색을 이용한 위장술은 군사기술에서 이렇게 이루어지고 있습니다.

색을 이용한 곤충 퇴치

포터와 프리도라는 학자는 야행성 곤충의 실험을 통하여 곤충들이 밝은 색에 더 잘 끌린다는 사실을 발견했습니다.

이 실험에 의하면, 파란색 쪽으로 치우친 빛에 더 많은 곤충들이 몰려들었다고 합니다. 그리고 빛이 빨간색 쪽에 가까우면 곤충들은 더 적게 몰려든다는 것입니다.

또한 백색 전등을 빛의 크기가 같은 노란색 전등으로 바꾸면 전등에 날아드는 곤충의 수가 대체적으로 반절은 줄어든다는 실험 결과가 나왔습니다.

따라서 결과적으로, 파란색은 야행성 곤충들의 관심을 가장 적게 끄는 색이라고 할 수 있습니다. 그러므로 현관에는 촉광수가 낮은 노란 전등을 켜고, 현관에서 좀 떨어진 곳에 촉광수가 높은 파란 전등을 달면, 여름날 저녁에 집안으로 침입하는 곤충들을 효과적으로 따돌릴 수 있을 것입니다.

그렇지만 낮에 곤충을 잡는 통은 노란색으로 페인트 칠을 하는 것이 좋습니다. 이것도 실험을 통해 밝혀졌습니다. 프레데릭 보스버그는 다음과 같이 실험 결과를 발표했습니다.

"무슨 이유에서인지는 잘 모르겠지만, 노란색 포충망에는 다른 색의 포충망보다 더 많은 풍뎅이가 걸려들었다."

그리고 많은 학자들의 연구 결과에 의하면 파리는 어두운 색보다는 밝은 색을 더 좋아한다는 것입니다.

네덜란드에서는 페스트(흑사병)를 퇴치하기 위해 마굿간과 외양간에 파란색을 칠하는 경우가 많았다고 합니다. 아마도 네덜란드에 사는 파리들은 파란색을 싫어했던 모양입니다

모기의 경우는, 밝은 색이 모기를 퇴치하는 색이라고 합니다.

뉴톨과 쉬프리는 유럽에 있는 학질 모기가 짙은 파란색, 빨간색, 갈색 등에 가장 많이 내려앉고 노란색이나 주황색, 흰색에 가장 적게 내려앉는다는 것을 발견했습니다.

샤리프는 자신이 아프리카에 있었던 5년 동안에 분홍색과 노란색 모기장에는 모기가 내려앉지 않는다는 것을 발견했습니다. 그리고 또 상자에 흐릿한 파란색, 분홍색, 회

색, 노란색을 칠해서 죽 늘어놓아 봤더니 파란색과 회색상자 속에는 모기가 두세 마리밖에 들어 있지 않았다고 했습니다. 후드레스도 역시 스코틀랜드 지방에 있는 모기들이 파란색을 좋아하고 노란색을 싫어한다는 것을 발견했습니다.

빛 현상과 착시

우리가 눈으로 사물을 볼 수 있다는 것은 앞에서도 여러 번 이야기했지만, 빛에 의해서입니다.

빛은 우리가 사물을 볼 수 있도록 하므로 해서 편리한 생활을 하도록 도와줍니다. 그러나 빛은 한편으로는 장난이 심한 개구쟁이 같아서, 사실이 아닌 것도 사실처럼 보여주기도 하고, 한 가지 현상을 가지고도 여러 가지 해석이 나오도록 혼란을 주기도 합니다.

이것은 빛이 장난을 치는 것도 같고 눈이 실수를 하는 것도 같습니다.

그러나 사실상 빛과 눈은 장난꾸러기도 아니고 실수를 하지도 않습니다.

빛은 언제나 똑같이 내리쬐고 있지만 대기에서의 굴절로

혼란을 일으키는 것입니다. 눈과 연결된 뇌수가 판단을 잘 못해서 실수를 하는 것이지요.

생리학자들은 '눈으로 보는 것이 아니라 뇌수로 본다' 라고 말하고 있습니다.

이것은 바로 뇌가 생각하고 보고 판단하는 것을 말합니다.

화가들은 아주 오래 전부터 농담원근법(그림을 그릴 때 색깔의 짙고 옅음으로 가깝고 먼 거리를 그리는 방법)으로 눈의 착각을 이용했습니다.

한 폭의 그림에 원근을 표현하기 위해서는 먼 산의 윤곽을 옅고 희미하게 그리므로 해서 풍경화가 자연스럽고 보기좋게 된다는 것은 레오나르도 다빈치가 그의 제자들에게 가르친 내용입니다.

종이에 원을 그리면 그것은 원형에 지나지 않지만, 속을 엷게, 바깥은 진하게 그려주면 공처럼 구형으로 보입니다.

밝은 물체는 어두운 물체보다 더 크고 가까워 보입니다. 뚱뚱한 사람에게 밝은 색을 입지 말라고 하는 것도 이와 같은 이유 때문입니다.

이 사실을 증명하기 위한 다음과 같은 심리학상의 중요한 실험이 있습니다.

크기도 밝기도 같은 두 개의 흰 풍선을 어두운 배경 앞에 나란히 두면, 두 개의 풍선은 관찰자가 보기에 같은 거리의 크기로 보입니다.

그러나 한쪽 풍선에 환한 빛을 비추면, 그것은 어두운 것보다 더 가깝고도 크게 보입니다. 이러한 경우는 빛의 밝기에 의해 착각이 일어난 것이지요.

여러분은 달리는 열차 안에서 바깥 풍경을 바라본 적이 있을 것입니다. 이 때 차창 밖의 풍경은, 가까운 물체는 나는 듯이 빠르게 통과해 가지만, 먼 물체는 가까운 물체에 비해 훨씬 천천히 움직이든가, 정지해 버린 것처럼 보입니다.

그리고 같은 속도로 두 대의 비행기가 날 때도 역시 관찰하는 사람의 가까운 쪽에 있는 비행기가 더 빨리 날아가는 것처럼 보이는데, 이러한 것들은 모두 먼 것보다도 가까운 것이 눈을 통과하기 때문입니다.

브리트 라일레이라는 작가가 그린 '낙하' 라는 작품을 보고 있으면 운동의 착각이 일어납니다. 즉 검은 물결모양의 선이 접근하기도 하고 멀어지기도 하는 것처럼 보이고, 특히 선의 굴곡이 심한 아래쪽은 끊임 없이 움직이고 있는 것처럼 느껴지기도 합니다.

간단한 운동의 착각을 일으키는 것 중에는 네온사인의 그림이 있습니다.

어린아이가 공치기를 하고 있는 네온은 공이 움직이고 있는 듯이 보이는데 실제로는 상하의 공이 번갈아 나타나기도 하고 사라지기도 하는 것입니다. 그러면 눈은 공을 좇아 보면서 운동을 하는 것처럼 착각을 일으키는 것이지요.

등불이 밝으면 크게 보이므로 가깝게 느껴지고, 어두우면 작고 멀어 보이는 것도 역시 착각의 하나입니다. 이것을 이용한 것이 자동차의 빨간 불빛입니다.

이 빨간 불빛은 자동차의 다른 불빛보다 밝으므로, 밤에

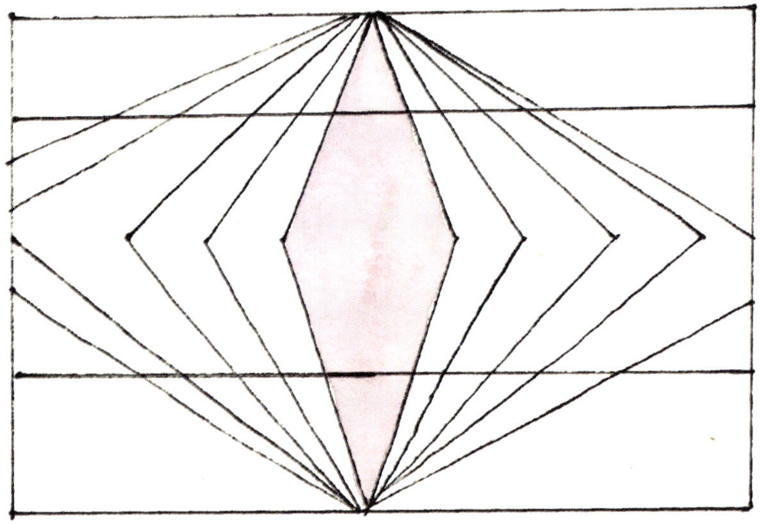

(그림 1)

(그림 2)

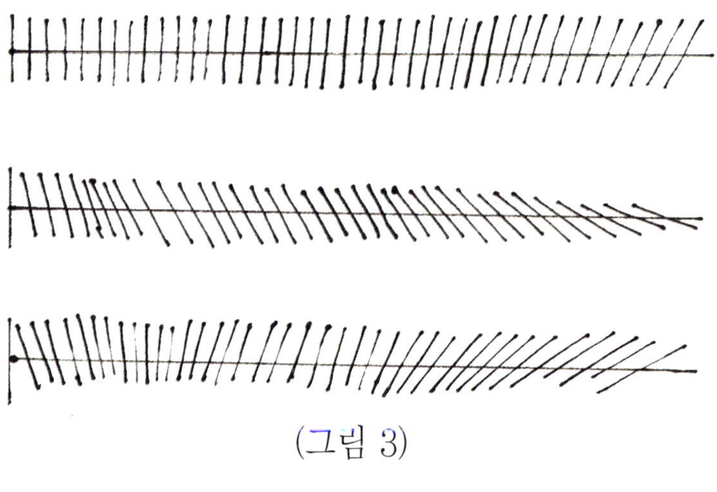

(그림 3)

그 불을 켜면, 뒤에서 따라오는 차는 앞차가 실제보다 가깝게 보입니다.

다음은 직선을 이용한 그림인데도 불구하고 휘어진 그림처럼 보이는 착각의 예입니다.

〈그림 1〉의 경우 왼쪽에서 오른쪽으로 가는 두 개의 중앙선 가운데가 오목한 것처럼 보이지만 사실은 평행직선입니다. 착각은 다음과 같이 하면 없어집니다.

그림을 눈의 높이까지 올려서 중앙의 수평선을 눈과 일치시킵니다. 그래도 안된다면 자를 사용하는 수밖에 없습니다.

〈그림 2〉는 동일한 선분으로 나뉘었는데 화살표가 바깥쪽을 향한 것은 안쪽으로 향한 것보다 길이가 짧아 보입니다.

〈그림 3〉은 가운데의 평행선이 휘어져 있는 것처럼 보입니다. 그러나 이것도 역시 자를 이용해 보면 평행이라는 것을 알 수 있습니다.

신기루

신기루라고 하면 여러분들은 사막에서 오래 여행하는 동안, 지치고 굶주렸을 때 존재하지도 않는 오아시스가 눈에 보이는 것이라고 생각할 것입니다.

신기루가 실지로 존재하지 않는 가짜라는 점에서는 여러분의 생각과 같습니다. 그렇지만 신기루는 지친 눈에 들어오는 단순한 환상만은 아닙니다. 그것은 카메라로 촬영이 가능하기 때문입니다.

그렇다면 신기루에는 어떤 비밀이 감추어져 있는 것일까요?

신기루는 빛의 성질 중에 가장 재미있는 현상인 굴절에 의해 우리의 눈에 들어옵니다. 주로 태양빛이 강렬한 사막이나 아스팔트 위, 그리고 추운 극지방에서 신기루 현상은 일어납니다.

이제 신기루에 대하여 자세히 알아봅시다.

사막에서는 건조하고 뜨거운 태양열로 쇠처럼 달구어진 모래밭과, 밀도가 높은 차가운 공기와의 사이에 밀도가 낮은 공기층이 형성됩니다.

공기나 수목 따위에서 반사된 광선은 찬 공기층에 지면

으로 비스듬하게 반사되다가 밀도가 낮은 공기층에서 굴절합니다. 이 굴절된 빛은 하나의 형상을 옮겨 놓아 관찰자의 눈에는 그 곳에 실지로 그 형상이 존재하는 것처럼 보입니다.

신기루의 원리는 다음 그림과 같습니다.

그런데 이 그림대로의 설명이라면 한 가지 의문이 생깁니다.

우리들이 알고 있는 것으로는, 밀도가 큰 차가운 공기는 항상 내려와서, 아래에 있는 가볍고 밀도가 낮은 공기층을 위로 밀어올리려 합니다.

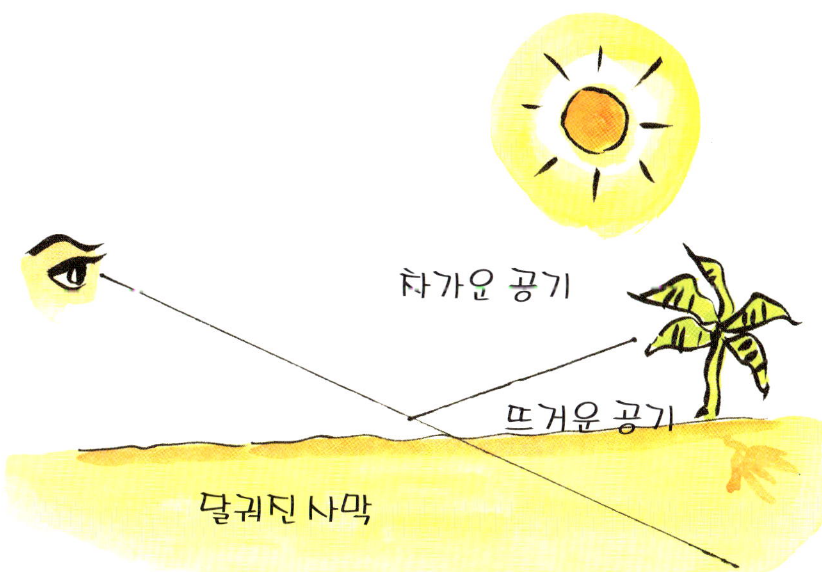

그렇다면 신기루가 생길 수 있는 공기층이 형성되는 것은 불가능한데 어떻게 이런 공기층이 형성된 것일까요?

답은 의외로 간단합니다.

이러한 현상을 가져오기 위한 공기층은 정지된 것이 아니고, 위아래로 계속 이동하는 공기로 구성되어 있기 때문입니다.

모래밭에서 데워진 공기층은 모래 위에 정지해있는 것이 아니고, 계속 위쪽으로 올라가고, 모래밭 위에는 새로운 공기가 데워집니다. 이렇게 연속적인 교체에 의해 모래밭은 항상 어떤 두께의 희박한 공기층과 접하게 됩니다. 이런 경우, 공기가 계속 바뀌더라도 그 곳, 지면과 닿는 공기층은 항상 희박한 공기로 채워 있으므로 계속적으로 굴절을 일으키게 됩니다.

그렇다면 극지에서는 어떻게 해서 신기루 현상이 일어나는 걸까요?

극지방의 신기루는 사막에서 일어나는 신기루보다 훨씬 아름답고 환상적인 빛의 동산으로 변화합니다.

극지의 신기루는 변화가 많은 만큼 그 이름도 다양합니다.

환일이라는 것은 구름을 이루는 작은 얼음 알갱이가 햇

빛을 반사 굴절하여 빛이 태양을 둥그렇게 둘러싸면서 빛나는 것입니다.

환일과 비슷한 것으로는 환월을 들 수 있습니다. 환일이 태양 빛을 구름이 반사한데 비해, 환월은 달에 엷은 빛의 막이 생기는 것입니다. 이것도 역시 구름 속의 얼음 알갱이에 의해 생깁니다.

북극에서 자주 발생하는 신기루는 그 변화가 무척 심해서 찬란하기까지 합니다.

이 신기루는 사막에서 일어난 신기루와 같이, 따뜻한 공기 밑에 차고 밀도가 높은 공기층이 있을 때, 그것이 거울과 같은 구실을 하여 광선을 굴절시키는 것입니다. 이것으로 인해, 멀리 낮은 곳에 위치한 것이 굴절하여 눈앞에 있는 것처럼 보이게 하는 것입니다.

때로는 물체가 이중으로 보이기도 하고, 아래쪽이 위로 보이는 수도 있습니다.

겨울 동안 보이지 않던 태양도 여름이 다가오면 앞당겨져서 신기루로 나타나는 수도 있습니다.

무지개

비가 오고 난 후 여름철에는 태양의 반대편에 걸려 있는 찬란한 무지개를 볼 수 있습니다.

무지개는 어떤 때는 색이 아주 선명하고, 어떤 때는 약간 흐릿한 반원형으로 무척 고운 빛을 보입니다.

기독교의 홍수 이야기에 의하면, 무지개는 홍수로 인간을 멸한 하나님이 다시는 물로 인간을 멸망시키지 않겠다는 약속의 뜻으로 무지개를 보여 주었다고 합니다. 그래서 그런지 정말 비가 온 뒤에는 일곱 빛깔 무지개가 하늘에 곱게 걸려 있습니다.

옛날 고대 그리이스 시대에는 무지개의 색깔을 거짓 색깔이라고 생각했습니다.

우리들이 늘상 보는 자연의 초록빛이나 과일의 색깔은 언제나 그대로이지만 잠깐 나타났다가 사라지는 무지개는 믿을 수 없었기 때문입니다.

그러나 무지개의 색깔이 금세 사라진다고 해서 거짓 색깔이 아니라는 것은 18세기 말, 뉴턴에 의해서 알려지게 되었습니다.

오늘날에는 누구나 무지개에 대해, 대기의 물방울에 빛

이 반사 굴절되어 일어나는 현상이라고 알고 있습니다.

그렇다면 빛은 한 가지인데, 어째서 일곱 가지 색깔을 띠는 걸까요?

그것은 빛이 통과하는 각도에 따라 일으키는 굴절이 우리 눈에 서로 다르게 들어오기 때문에 일곱빛깔로 보이는 것입니다.

그림을 통해서 무지개가 만들어지는 과정을 자세히 알아봅시다.

<빛이 물방울에 들어왔을때의 굴절모습>

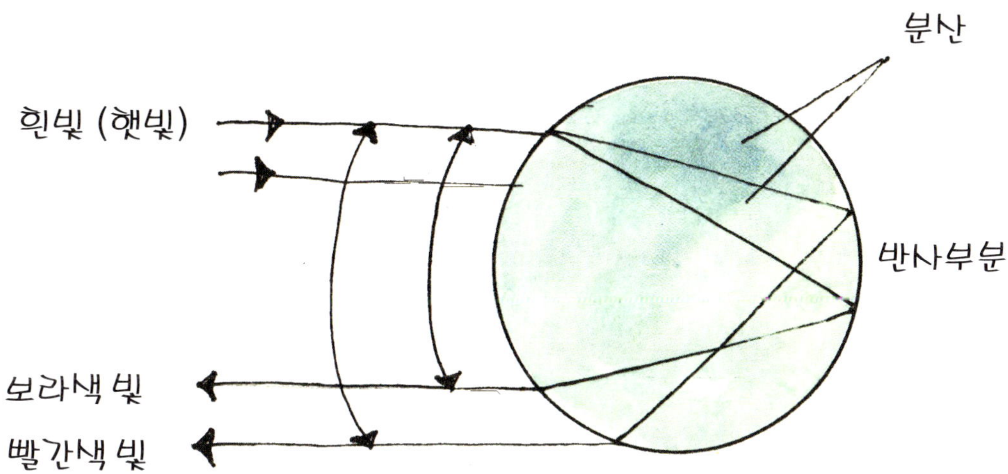

(그림 1)

〈그림 Ⅰ〉처럼 빛은 물방울 속에 들어갈 때, 그 표면에서 굴절(각을 바꾼다)하고 물방울의 안쪽에서는 분산됩니다. 그 분산된 빛은 물방울 내부의 표면에 반사되고 각각 굴절하여 물방울 바깥으로 나갑니다

이 때 반사와 굴절을 한 빛이 넓은 범위로 퍼지므로 무지개가 생기지 않을 것으로 생각되지만, 물방울을 통과한 빛이 하나하나 모여서 일정한 각도를 이루므로 무지개가 생깁니다.

만일 물방울 속에서 빛이 분산하지 않는다면 무지개는 빛의 본래 모습인 밝은 흰색 띠로 보일 것입니다.

무지개의 색은 가장 바깥쪽이 빨간색이고, 안쪽은 보라색을 띱니다. 그 이유는 빛이 물방울에서 굴절하는 각도에 따라 나타나는 것으로 빨간색의 굴절이 가장 크고, 가장 작은 것이 보라색이기 때문입니다.

즉 굴절률의 크기에 따라 빨간색, 주황색, 노랑색 ,초록색, 파란색, 남색, 보라색으로 나타납니다.

때때로 하늘에는 두 개의 쌍무지개가 생기는 때가 있습니다.

쌍무지개는 물방울 속에서 두 번 반사되어 밖으로 나온 빛에 의하여 생깁니다. 그러므로 두 번째의 무지개는 첫

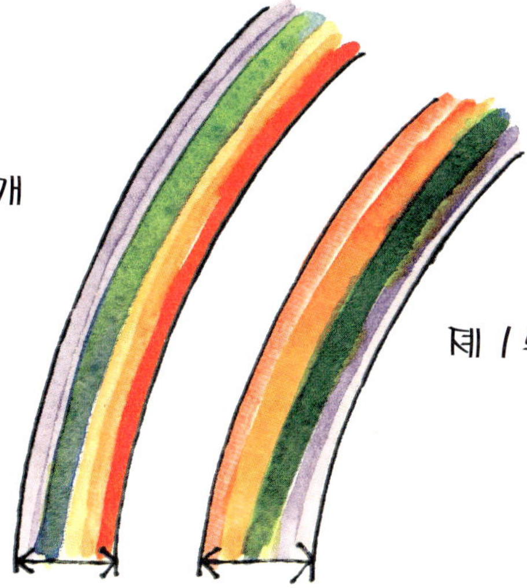

번째의 무지개와는 달리 반대 순서의 색으로 무지개가 이루어집니다.

물방울 속에서는 세 번 또는 네 번씩 반사되어 나온 무지개로 3개나 4개의 무지개가 생기는 수도 있습니다. 그렇지만 그런 무지개는 볼 기회가 거의 없습니다. 간혹 볼 수 있다 하더라도 빛이 몇 번씩이나 반사되어서 생기는 무지개의 색은 매우 약한 색깔을 띱니다.

무지개는 방안에서도 만들 수 있습니다. 무지개를 만들려면 우선 창에 두꺼운 커튼을 친 뒤에 작은 틈을 만듭니다. 작은 틈으로 가느다란 빛이 통과하면, 그 빛이 비치는 중간에 3면으로 된 유리 프리즘을 대고, 프리즘을 통과한 빛 줄기에 하얀 종이를 세워 놓습니다. 그러면 일곱 빛깔 무지개가 띠처럼 비치게 됩니다.

이 무지개는 물방울이 아닌 유리 프리즘으로 만들어진 것이지만 그 이치는 자연에서 만들어지는 무지개와 같습니다. 자연에서는 물방울이 프리즘 역할을 했던 것 뿐이지요.

프리즘이나 물방울이 똑같이 내보인 결과는 흰색의 빛이 일곱 색으로 나뉘어서 무지개가 된다는 것입니다. 이것은 흰 빛 속에 일곱 가지 색이 들어 있다는 말과도 같습니다.

만약 프리즘과 흰 종이 사이에 집속(빛이 한 곳으로 모이게 하는) 렌즈를 끼워보면, 무지개의 빛깔은 다시 하얀 동그라미로 바뀌어 버립니다. 집속 렌즈는 일곱 빛깔을 초점으로 다시 모아 준 것이지요.

이와 같이 하얀 빛 속에는 일곱 가지 색깔이 섞여있으며, 3면으로 된 유리를 통과할 때, 굴절 정도에 따라 본래의 일곱 색깔이 보이는 것이라고 생각한 사람은 뉴턴이 처음이었습니다.

뉴턴은 1666년에 자기의 방을 어둡게 하고 앞에서 한 실험과 같은 실험을 하였습니다. 이 실험으로 빛의 굴절 현상과 색에 대한 의문을 밝혀 준 것입니다.

여러분도 빛은 여러 색이 섞여서 흰색으로 되고 또 그 흰색으로부터 본래의 일곱 색이 나타난다는 사실을 확실히 하기 위한 실험을 다음과 같이 해봅시다.

팽이의 위쪽을 7등분의 부채꼴로 나누어 크레파스나 물감을 사용해서 무지개의 일곱 색을 칠합니다. 그리고 팽이를 빠른 속도로 돌리면, 팽이의 일곱색은 어느 순간에 흰색을 될 것입니다.

그러나 종이 위에 크레파스나 물감의 색을 겹쳐서 칠한다면 어두운 검정색이 나옵니다.

이런 결과가 나오는 것은 색과 빛의 차이 때문입니다.

색은 빛에 의해 만들어진 것이기는 하지만, 빛이 투명해서 모든 빛(색이 있는 빛)과 합쳐져 하얀색을 만드는 것에 비해, 물감이나 크레파스는 불투명하므로 색이 섞일수록 어두워지는 것입니다.

오로라

오로라는 남?북 양극에 가까운 지방의 공중에 나타나는 매우 아름다운 빛의 현상을 말합니다.

오로라 빛은 네온관 빛의 원리(네온 가스 속에 있는 극히

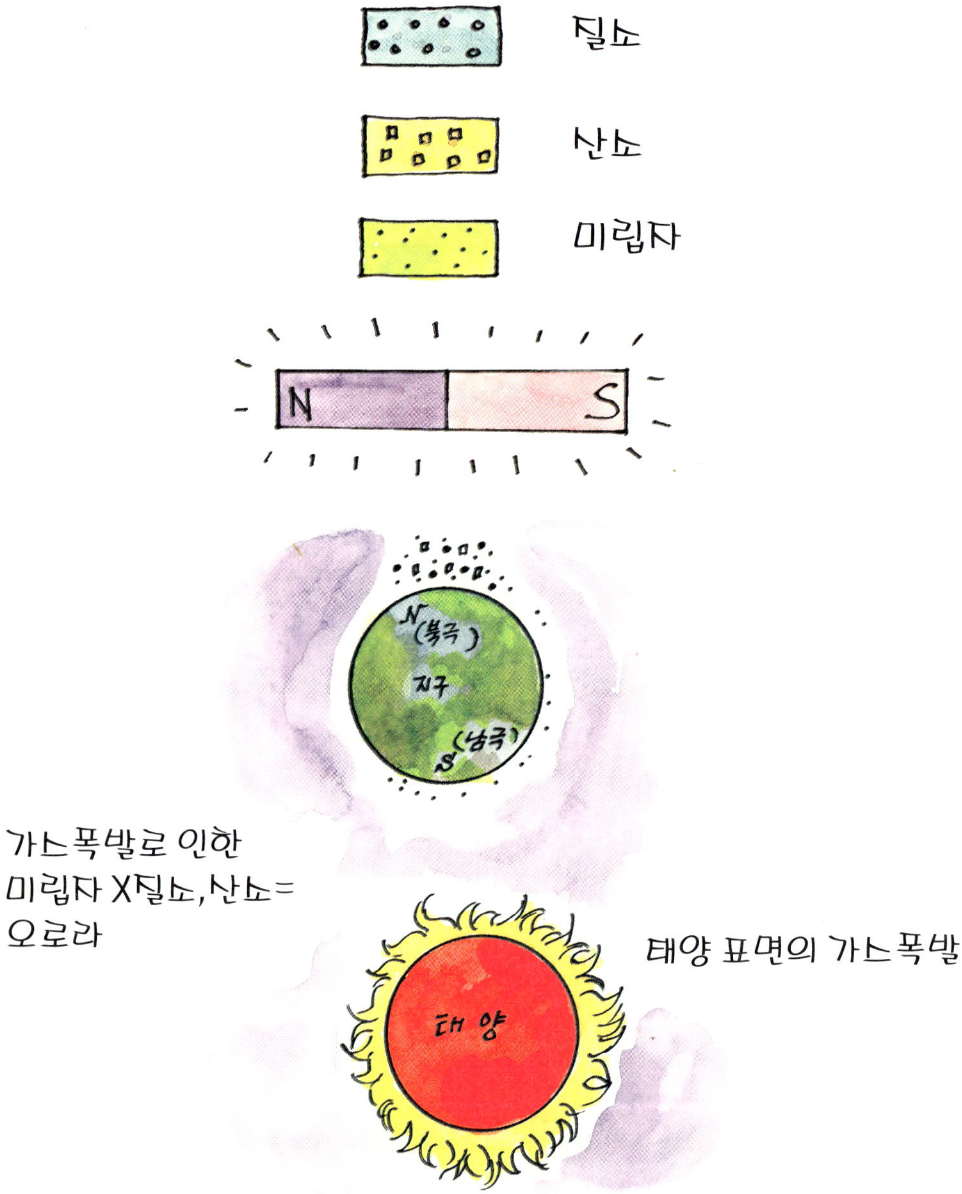

<오로라의 형성>

작은 전자가 자극을 받아 빛을 낸다)와 마찬가지로, 전기를 띤 작은 입자가 적은 분량의 가스와 서로 충돌함으로써 빛을 내는 것입니다.

이 현상은 11년마다 주기적으로 변화합니다. 이것은 태양 표면의 가스 폭발과 관계가 있는 것으로, 태양에서 방사되어 불안정하게 움직이는 원자립인 양성자와 전자 등에 의해 일어나는 현상입니다.

즉, 태양으로부터 미립자(아주 작은 입자)가 지구의 자장(지구를 자석이라고 했을 때, 자석의 힘이 미치는 곳)에 들어와, 지구 자기의 양극 중 어느 한쪽으로 끌어당겨질 때, 대기 속의 질소나 산소의 입자가 미립자와 서로 충돌하여 생기는 것입니다.

오로라의 색깔은 이 충돌이 일어난 고도와 그 고도 속에 있는 미립자의 파장에 의해 정해집니다.

960킬로미터의 고도에서 충돌이 생기면 보통은 푸르고 밝은 수직막 모양의 오로라가 되지만, 드물게는 붉은 모양도 있습니다.

80~280킬로미터의 고도에서는, 높은 곳의 오로라와 낮은 곳의 녹색 오로라가 섞여 노란 빛을 띤 환상적인 오로라가 됩니다. 낮은 고도의 오로라는 뒤얽힌 폭포 같은 모

양이 됩니다.

오로라는 극지방의 하늘을 5색으로 물들이며 참으로 아름다운 자연의 모습을 보여줍니다.

하늘색은 왜 파란가

하늘은 언제 보아도 투명한 파란색을 하고 있습니다. 적도 부근에서 하늘을 보아도 파랗고, 사막에서나, 남극에서도 항상 파란색을 하고 있습니다. 누군가가 물감이라도 풀어놓은 듯, 하루가 지나고 1년이 지나도 하늘은 언제나 파랗습니다. 도대체 언제부터 하늘의 색은 파란빛이었을까요?

대기의 대부분을 차지하는 질소와 산소 분자는, 소리가 공기 중에서 울리는 것과 같이 빛을 불규칙하게 흐트러뜨리는 역할을 합니다.

즉, 공기 중에 소리를 지르면 메아리가 되어 여기저기로 울려퍼지는 것과 마찬가지로 빛도 산소와 질소에 부딪쳐 여기저기로 흐트러집니다.

그렇지만 태양의 일곱 가지 빛깔이 모두 산란(불규칙하게 흩어짐)하는 것은 아닙니다.

일곱 빛깔 가운데 초록, 파랑, 보라 이 세 가지만이 산란을 일으키기에 충분한 흐름을 갖기 때문입니다. 그러므로 보라와 파란색은 대부분 산란되고, 초록색, 노랑색, 오렌지색, 빨강색 순서로 산란이 점차 적어집니다.

이 때, 보라색이 파란색보다 훨씬 더 많이 산란됩니다. 그러나 사람의 눈은 보라색 보다는 파란색에 훨씬 더 민감하기 때문에 우리가 보는 하늘은 파란 하늘색으로 보이는 것입니다.

공기 중에 질소나 산소 분자보다 훨씬 더 많은 먼지나 입자가 가득할 때가 있습니다. 그러면 다른 색깔들이 더 많이 산란되어 하늘은 덜 푸르고 희끄무레한 색으로 물들게 됩니다. 하지만 비가 오고 나면 대기 중의 먼지는 비와 함께 씻겨져 내리므로 하늘은 더 짙은 푸른색이 됩니다.

여러분이 창문을 열고 밖을 본다면, 멀리 있는 건물이나 사람일수록 더 희미하게 보이는 것을 발견할 수 있을 것입니다.

이것도 역시 파란 하늘색과 관계가 있습니다.

공기는 높은 하늘에서 빛을 산란시키고, 그 산란된 빛의 일부는 여러분의 눈에 들어옵니다.

여러분과 먼 건물 사이에는 더 많은 공기가 있고, 산란된 빛이 더 많습니다. 따라서 여러분과 건물 사이에는 대기가 푸른 빛을 더 많이 산란시키므로 먼 건물일수록 더 흐리게 보이는 것입니다.

온 세상이 눈으로 하얗게 덮인 겨울날, 여러분은 눈 위에 생긴 자신의 그림자를 본 적이 있는지요? 혹 본 적이 있다면 그림자의 색깔은 어떤 색이었습니까? 태양 빛에 비춰진 눈은 노르스름한 흰색으로 태양 자신의 색깔을 보여줍니다. 그리고 그림자 속에 있는 눈은, 햇빛을 더 이상 받지는 않지만 푸른 하늘에서 오는 빛에 의해 비쳐집니다. 그러므로 그늘진 눈 위의 그림자는 푸른색을 띱니다.

이런 요술과도 같은 현상이 가능한 것은 모두가 맑은 공기가 가져다 주는 것입니다. 그러나 요즈음의 하늘은 날씨가 맑고 쾌청하더라도 파란색 하늘을 보는 것은 결코 쉽지가 않습니다. 공장의 연기와 자동차의 배기 가스로 인해 하늘은 본래의 색인 파란색을 잃고 희끄무레하게 돼버렸기 때문이지요.

태양계에서는 지구 외에 푸른 하늘을 가진 별이 없습니다. 지구가 파란 하늘을 잃어버린다면, 우리는 다른 별에 가도 파란 하늘을 볼 수가 없습니다.

만약 대기가 계속 오염되는 것을 그대로 둔다면 우리는 파란 하늘에서 밝게 빛나는 태양을 그리워하며 죽어갈 것입니다.

빛 에너지의 종류

우리가 살아가고 있는 지구 위에는 미래 에너지의 근원인 태양 에너지가 끊임없이 방사(물체가 빛이나 열 같은 에너지를 밖으로 내뿜는 것)되고 있습니다.

태양이 지구 위에 15분간 방사하는 에너지는, 인류가 여러 형태로 1년 동안 소비하는 에너지와 양이 같습니다.

직사광선의 10퍼센트만이라도 능률적으로 붙잡아 저장한다면, 세계에서 사용하는 모든 에너지는 영국 정도의 면적에 쏟아지는 방사 에너지만으로도 충분합니다.

오늘날에도 잘만 연구하면 일반 가정에서도 태양에너지를 이용하여 연료비를 4분의 3이나 절약할 수 있습니다.

현재, 미국?이스라엘?오스트레일리아?일본 등의 수백만 가정은 태양을 이용해 가정에 온수를 공급하고 있습니다.

또 컴퓨터에 의해 관리되는 많은 반사기가 태양의 방사열을 모아 발전탑에 집중시켜서, 그 곳에서 뜨거워진 물이 증기가 되어 발전기를 돌리는 예도 있습니다.

프랑스에 있는 거대한 태양로는, 강철 레일을 겨우 30초 만에 구멍을 뚫을 수 있는 높은 열을 낸다고 합니다.

태양 에너지의 모든 이용법 가운데서 가장 유명한 것은 아마도 인공 위성에서의 이용일 것입니다.

이것은 많은 태양 전지를 장치한 복잡한 기기가 태양 광선을 직접 전기로 바꾸어, 기계류나 송신기류를 움직이는 것입니다.

에너지를 태양 광선에 의존한 거주 공간으로서는 스카이랩이 최초입니다. 이 스카이랩 속에서 1973년 및 1974년의 총 171일간에 걸쳐, 9명의 우주 비행사가 쾌적하게 지냈다고 합니다.

태양이 강력한 에너지원이라는 사실은 고대부터 알려져 있었습니다.

수세기 전부터 사람들은 간단한 확대경으로 태양광선을 모으면 나무가 탈 정도로 뜨거워진다는 것을 알고 있었고 기원 전 7세기에 건립된 니네베 사원의 유적에는 어린이의 완구 같은 연소용 렌즈가 발견되었습니다.

17~18세기의 천문학자는 혜성의 꼬리가 신비한 바람에 의해, 흐르는 것처럼 보이는 사실을 깨닫고, 그 현상은 일종의 빛의 작용에 의한 것이라고 추측했습니다.

18세기의 많은 과학자들은 빛을, 우리가 느낄 수 있고 볼 수 있는 가시광선 외에는 다른 광선의 존재를 생각조차 하지 못했습니다.

그러나 오늘날에는 우리 눈에 보이지 않지만 실제로 존

재하는 광선에서부터, 우주전쟁에서 사용할 수 있는 레이저 광선까지 실로 다양하고 엄청난 빛의 모습을 알게 되었습니다.

그 뿐만 아니라 빛은 정보 전달의 수단으로도 사용되었습니다.

빛을 정보 전달로 사용한 사람은 1880년, 알렉산더 그레이엄 벨에 의해서입니다. 벨은 자신이 발명한 광선 전화기에 의해 광속(빛 다발 속)으로 말했습니다.

오늘날에 이르러서는 머리털같이 가는 유리 섬유에 의해 광속(빛 다발)은 음성?컴퓨터 정보?비디오 신호 따위를 운반합니다.

전기 통신 장치에서 전선의 구실을 하는 유리 섬유는 전달되는 빛의 신호가 도중에 흩어지거나 사라지지 않도록 설계되어 있습니다.

광학 섬유로 사용되는 매우 순도 높은 유리는 가장 깊은 바다 밑바닥도 보일 정도로 투명합니다.

과학의 발달로 우리에게 많은 도움을 주는 빛 에너지가 이외에도 어떤 도움을 주는지 종류별로 살펴보도록 합시다.

적외선

적외선은 무지개의 가장 바깥쪽에 있는 빨간 가시광선보다 파장이 더 긴 광선입니다. 적외선은 또한 열 작용이 큰 전파로서 흐릿한 대기층을 멀리까지 통과할 수 있는 힘이 있습니다.

눈에 보이지 않는 적외선은 가정용 적외선 램프나 열을 이용하는 의료 기구 따위에서 중요한 역할을 하고 있습니다.

이 적외선 에너지가 눈에 보이지 않는 빛의 일종이라는 사실은 19세기 초에 항성(위치가 변함 없는 별) 천문학의 개척자인 윌리엄 허셀에 의해서 밝혀졌습니다.

허셀은 항성인 태양의 흑점에 흥미를 가지고 열 가지 색의 필터(어떤 빛을 차단하거나 제한하기 위한 색유리)로 빛을 연구하였습니다.

그러다가 1800년에 그는 어떤 빛은 열을 낳고 있지만, 다른 빛은 열을 낳지 않는다는 것을 깨닫고, 그 차이가 생기는 원인을 밝혀내려고 했습니다. 그래서 프리즘으로 태양 광선을 분산시켜서 색의 연속적인 띠인 무지개를 만들었습니다.

띠는 한쪽 끝이 빨강이고 연속적으로 여러 색을 만든 뒤, 보라색으로 끝났습니다.

이 실험에서 그는 노랑색 광선이 가장 밝고, 빨간색 광선은 그보다도 강한 열을 낸다는 사실을 발견했습니다. 그리고 최고 온도를 내는 것은 빨간색의 바깥쪽에 있는 눈에 보이지 않는 방사선이라는 사실도 알아냈습니다. 그 방사선을 적외선이라고 부르는 것은 빨간 빛의 바깥쪽에 있는 광선이기 때문입니다.

이러한 눈에 보이지 않는 적외선이 특별히 중요시되는

부분이 있습니다. 그것은 사진 기술의 분야입니다.

적외선에 반응하도록 만들어진 필름을 사용하면 어두운 곳에서도 사진을 찍을 수 있습니다. 이러한 경우 사진이 찍히는 상대의 온도가 높을수록 사진은 밝아집니다. 그리고 차가 없는 주차장을 적외선으로 사진을 찍을 경우, 몇 시간 전에 차가 주차했던 장소를 분명히 알 수 있습니다. 이것은 포장면 바닥에 온도 차이가 생겼기 때문입니다.

외국에서는 절연이 불량한 가옥이나 공장에서 에너지 누출을 탐지하는 특수한 적외선 스캐너가 사용되고 있습니다.

일반 가정에서는 적외선 카메라로 열의 누출을 확인하는데, 주로 창이나 단열되지 않은 마루, 천장?벽 따위에서 열이 누출되는 것을 발견했습니다.

가끔 텔레비전에서 우리는 이 적외선을 장치해서 도둑이 침입하면 경보음이 울리도록 하는 것을 보기도 합니다. 그러나 적외선으로 가시망을 하는 것은 무척 까다롭고 돈도 많이 듭니다.

군대가 야간 정찰 비행이나 인공 위성에 적외선 카메라를 광범위하게 사용하기도 하는데, 그것은 낮에 전혀 보이지 않도록 숨겨진 시설도 그 자체가 내는 열 때문에 탐지가 가능하기 때문입니다.

미국이 쏘아올린 랜드샛 인공 위성이 적외선 카메라로 찍은 지구의 모습은 우리가 지상에서는 볼 수 없는 지질적 특징을 밝혀 주었습니다. 인공 위성 적외선 카메라는 또한 새로운 석유, 가스 그리고 광물 등의 탐사가 비교적 쉽게 이루어지도록 도와 주기도 합니다.

자외선

허셀이 적외선을 발견하고 나서 1년이 지난 후, 독일의 학자 요한 빌헬름 리터는 스펙트럼의 다른 한쪽 끝을 지난 곳에도 눈에 보이지 않는 광선이 있다는 것을 발견했습니다.

그 광선은 특히 화학 반응에 효력을 가지고 있어서 '화학 광선' 이라고 불리게 되었습니다.

이 광선의 본성이 해명된 것은, 염화은이 보통의 가시 광선(눈으로 볼 수 있는 광선)보다 이 화학광선에 강한 반응을 나타낸다는 사실로부터였습니다.

그러나 이것은 과학적인 연구를 통해 밝혀진 것이 아니고, 사진의 발명으로 밝혀졌습니다.

1839년 프랑스의 루이 다게르에 의해 은염을 입힌 금속판에 사진을 찍는 방법이 보급되자, 과학자들은 다게르의 사진술을 이용하여 스펙트럼 사진을 찍게 되었습니다. 그러자 은판 위에는 보라색 띠를 지나 눈에 보이지 않는 전혀 새로운 방사선의 영역이 새겨졌습니다. 과학자들은 이 방사선을 '보라색의 외측' 이라는 의미에서 자외선이라고 부르기 시작했습니다.

자외선은 은판 외에 인간의 피부에도 그 흔적을 남깁니다.

여름에 바다에서 새까맣게 그을리는 것은 태양광선에 포함되어 있는 자외선 때문입니다.

인간의 피부가 햇볕에 타는 것은 몸을 보호하기 위한 것입니다. 만약 자외선을 갑자기 직접 받게 되면 피부 세포는 죽어버리고 맙니다. 따라서 피부는 햇볕에 천천히 태워야 합니다. 흑인처럼 타고난 색소를 가진 피부의 경우는 피부의 파괴가 결코 쉽지는 않습니다.

대개의 경우, 하얀 피부를 가진 백인들은 피부 자체가 약하고 색소가 부족하므로 일광욕에 의해 자외선에 강하게 노출되면 피부암에 걸릴 확률이 높습니다

그러나 이런 좋지 않은 부분이 있음에도 불구하고 인간생활에 많은 도움을 주기도 하는 것이 바로 자외선입니다.

우선 첫째로, 자외선은 우리 몸에서 비타민 D의 합성을 도와줍니다.

둘째, 자외선은 어떤 미생물을 없애는데 도움이 되기도 하고, 인간에게 해로운 여러 종류의 물질, 물 및 공기 등을 소독하는데 이용됩니다.

셋째, 자외선은 인공적으로 만들어낼 수도 있기 때문에

간단한 가정용의 태양등이 발명되었습니다.

이것은 특수한 석영 유리관에 약간의 수은을 봉해서 넣고, 전류를 통하면 수은이 증발하고 그 결과 자외선을 띤 빛이 나오는 장치입니다.

넷째, 최근에는 어두운 곳에서 특수한 발광 표지에서 빛을 낼 수 있도록 하는데 쓰이고 있습니다.

이 세상에서 생명을 가지고 있는 것은 무엇이든지 스스

로 빛을 냅니다. 그것이 동물이건 식물이건 혹은 미생물이라 할지라도 빛을 냅니다. 그것들은 다만 우리들의 눈으로 볼 수 없을 뿐 아니라 다른 빛을 통해야 하는데 그런 빛들은 자외선을 통해서 보면 아주 자세히 볼 수 있습니다. (이렇게 자신의 빛을 다른 빛을 통해서 보여주는 것을 형광이라고 합니다)

어둠 속에서 형광 표지를 볼 수 있는 것은 자외선을 통해서 물체를 보는 것을 응용한 것입니다.

자외선을 통해 형광체를 볼 수 있는 것에 대해서는 '발광체와 비발광체' 라는 제목 아래서 설명하였으므로 여기에서는 생략하기로 합니다.

자외선은 인체의 건강과 관계가 매우 깊습니다. 즉, 자외선은 구루병(뼈가 약해져서 허리가 구부러지거나 다리가 휜다)을 예방하고, 피부를 항상 건강한 상태로 유지시켜주며, 인체에서 일어나는 필수적인 화학적 변화에도 영향을 미칩니다. 또한 자외선은 특정한 피부질환, 단독(상처난 곳으로 세균이 들어가서 생기는 급성 전염병) 및 피부결핵의 치료에도 이용됩니다.

그리고 자외선은 라아드(돼지 비계에서 만들어낸 기름), 식용유,우유 등에 비타민 D가 생기도록 합니다.

자외선은 도중에 유리와 그 밖의 여러 가지 물질들이 흡수되기는 하지만, 그래도 대기 중에 적당하게 퍼져 있어서 자외선은 연기가 자욱한 도시에서까지도 그 효과를 찾아볼 수 있습니다.

인간의 피부가 자외선에 노출되면 검게 된다는 이야기는 앞에서 했습니다.

사실 그렇습니다. 검은 피부는 자외선에 대해 방호벽을 쌓는 효과를 가지고 있지만, 벌겋게 데인 살갗은 건강에 좋지 않다는 뜻입니다. 그리고 햇빛에 몸을 너무 많이 노출시키면 피부에 주름살이 생기고 깊어지며 노화가 빨라집니다.

'무슨 일이나 적당하게 하라'는 옛 어른들의 말씀은 여름의 바닷가나 일광욕에서도 적용되는 말인 것 같습니다.

X선 (X-레이)

1863년, 독일 부르쯔부르크 대학의 물리학 교수인 빌헬름 K. 뢴트겐은 어느 날 음극관을 사용하여 작업을 하고 있었습니다.

음극관 속에서는 전류가 진공 속을 한 전극에서 다른 전극으로 흐르고 있었는데, 그 때 관이 약간 빛났습니다. 그는 방을 어둡게 하여 빛을 더욱 세밀히 관찰했습니다.

관찰 결과 뢴트겐은 갑자기 관에 전류를 통할 때 빛나던 것이 바륨염을 입힌 유리 조각이라는 것을 깨달았습니다.

이어서 그는 검은 종이로 유리 조각을 관으로부터 차단시켜도 계속 빛난다는 것을 알고, 나무토막과 알루미늄판으로 바꾸면서 계속 실험해 보았습니다.

그 광선은 무엇이건 다 통과해 버렸는데 뢴트겐의 손마저도 통과했습니다.

그것은 음극관과 사진 건판 사이에 놓인 손의 골격이 그 건판에 찍혔기 때문에 알게 된 것입니다.

그 이후로 불과 1년 사이에 X선을 논한 논문은 1,000편 이상이나 발표되었고 신문지상에 대 선풍을 일으켰습니다.

뢴트겐의 X선 발견은 그 전문 분야의 연구에만 자극을 준 것이 아니라 다른 분야에도 갖가지 영향을 미쳤습니다.

프랑스의 과학자 앙리 베크렐도 X선 발견에 자극을 받아, 어떤 종류의 우라늄 화합물에 빛을 쪼이면 형광을 발한다는 사실을 재검토하기 시작했습니다.

베크렐은 우선 햇빛에 쪼여서 나타난 이 빛이 X선의 경우와 마찬가지로 사진에 영상을 남길 것이라고 생각했습니다. 그래서 건판을 검은 종이로 싸고, 그 위에 우라늄 광석인 시험할 재료를 놓아 햇빛아래 놓아 보았습니다.

건판을 현상해 본즉, 예상대로 우라늄의 모습이 찍혀 있었습니다. 그는 또 한번 이 실험을 되풀이하려고 했으나, 날씨가 흐려져서 중지하고, 건판들을 서랍 속에 넣어 두었습니다.

뒤에 이들 건판 중 1장을 현상해 보았는데, 햇빛을 쏘인 적이 없는 것에서도 광석의 모습이 처음의 실험 때와 마찬가지로 선명하게 나타나 있었습니다.

이 실험으로 베크렐은, 우라늄은 원래 방사선을 내는 물질로 이것은 빛과는 무관하다는 사실을 밝혀냈습니다.

뢴트겐의 X선 발견은 많은 분야에 영향을 끼쳤습니다. 특히 의학 분야에서는 X선을 이용하여 많은 질병을 치료하고 병의 원인을 찾는데 큰 도움이 되었습니다.

X선 광선을 사용한 최초의 치료는 1900년에 스웨덴의 토르 쉬텐벡에 의해 이루어졌습니다.

그는 이 수술에서 어떤 부인의 코끝에 돋아난 종기를 성공적으로 제거하였습니다. 그 이후로 X선 요법과 라듐 요법이 전세계적으로 질병의 치료에 응용되었으며 셀 수도

없을만큼 많은 질병을 치료했습니다.

대개의 광선 요법은 병에 걸린 세포나 그 조직이 건강한 조직보다 쉽게 파괴된다는 사실에서 이용된 것입니다. 그러므로 광선이 그 효력을 발생하여 병든 부위를 제거해 버리고 나면 그 다음에는 건강하고 회복력을 가진 육체가, 스스로 몸을 정상적으로 회복시키는 것입니다.

광선 요법으로 좋은 효과를 얻을 수 있는 질병의 가지 수는 무척 많습니다.

피부에 생긴 습진으로부터 인체 각 기관, 뼈, 관절 등 몸속 깊숙한 곳에 자리잡은 질병까지도 모두 치료할 수 있습니다. 그 중에서도 악성 종양은 광선 요법에 특히 잘 듣습니다.

그러나 X선 광선에 의한 치료는 부작용이 따른다는 점도 알아두어야 합니다.

X선이나 라듐 광선을 허용치를 초과하여 쬐게 되면 심각한 부작용이 따르는데, 건강상태 및 조직과 세포의 민감도에 따라 마비증상을 일으키기도 합니다. 그리고 머리털이 빠지거나 땀샘의 기능이 약해지고, 백화증(피부가 부분적으로 하얗게 되는 현상)을 일으키기도 하며 임신을 못하게 되는 수도 있습니다.

그 가운데서도 가장 심각한 것은 이러한 광선 에너지가 빈혈을 일으키게 하거나 무시무시한 뢴트겐 종양을 일으킨다는 점입니다. 뢴트겐 종양은 절단 수술을 한 뒤라도 재발 가능성이 높고, 재발된 경우에는 결국 죽고 맙니다.

이것과 마찬가지로 소름끼치는 것은 임신한 후 1개월 이 내에 이런 에너지를 잘못 쬐게 되는 경우, 그 결과로 배 속에 있는 아기가 죽게 된다는 점입니다.

만약 임신한 지 1개월이 넘었을 경우는 기형아나 저능아가 되고 맙니다.

그렇기 때문에 꼭 필요한 경우가 아니면 X선 사진은 자주 찍어서는 안 됩니다.

원자탄에 의한 방사선

방사선, 방사능이란 단어를 모르는 사람들은 거의 없을 것입니다.

방사능에 대해 많은 사람들은 원자폭탄에서 쏟아져 나오는 죽음의 '검은 재'를 생각하면서 인간에게 전혀 불필요한 것이라고 말할 것입니다.

그러나 방사능은 원자폭탄에서 쏟아져 나오는 '검은 재'만은 아닙니다

방사능은 방사선을 내는 물체를 말합니다. 방사선의 종류는 태양이 지구에 내리쬐는 방사선인 적외선과 라듐?우라늄으로부터 비롯된 방사선, X선 등이 있습니다.

태양에서는 매일 엄청난 양의 방사 에너지가 쏟아지고

있는데 인간이나 다른 생물체들은 이것의 도움으로 성장합니다. 지구 위에서 살아가는 모든 생물체가 태양의 방사선에 특별한 나쁜 영향을 받지 않는 것은 그것이 필요하고 적절한 양이기 때문입니다

X선이나 라듐선을 이용해서 질병을 치료할 수 있었던 것은, 그 자체의 방사선은 인체에 피해를 줄만큼 크지만, 그것을 적당하게 조절하면서 병을 치료할 수 있기 때문입니다.

그렇지만 적은 양의 방사선이라도 너무 자주 쬐게 되면 인체에 나쁜 영향을 줍니다.

이러한 방사능이란 단어는 퀴리 부인에 의해 만들어진 말입니다.

퀴리 부인과 그의 남편은 1837년에 폴로늄과 라듐이라는 2개의 방사성 원소(원소 자체에서 에너지가 방출된다)를 발견하였습니다. 그리고 이 원소가 내는 방사선을 분석하여 그 원소 속에 3개의 방사선이 있다는 것을 확인하고 그것을 알파선, 베타선, 감마선이라고 불렀습니다.

이들의 방사능 발견은 1903년과 1911년에 노벨상을 받는 영광을 가져왔습니다.

그러나 퀴리 부인은 오랫동안 방사선을 가까이하여 연구

했기 때문에 방사선을 많이 쬘 경우 생기는 백혈병에 걸렸습니다. 퀴리 부인은 1934년에 백혈병으로 사망하게 되었습니다.

퀴리 부부의 방사능 발견은 인류에게 매우 큰 영향을 미쳤는데, 그것이 실제로 사용된 것은 오히려 인간을 불행 속에 몰아넣는 원자폭탄이었습니다.

제 2차 세계대전에서 처음으로 사용된 원자폭탄은 그 위력이 너무 대단해서 일본의 황제는 두 손을 번쩍 들고 항복하였습니다.

히로시마와 나가사키에 떨어진 두 개의 원자폭탄은 두 도시를 완전히 잿더미로 만들고 놀랄만큼 많은 인명 피해를 주었습니다. 그 당시 히로시마의 인구는 32만 2천 여 명이었는데, 그 가운데 20만 명이 사망하였다고 하니 엄청난 피해라고 하지 않을 수 없습니다.

원자폭탄이 가진 방사능이 그토록 큰 피해를 준 것은, 질병 치료에 도움이 되는 방사선이 그 양을 조절할 수 있는데 비해, 원폭에 의한 방사능은 공기중에 퍼져 있는 상태이므로 조절이 불가능하기 때문입니다.

원폭으로부터 비롯된 방사선은 태양에서 빛이 내리쬐는 것을 더 늘리지도 줄이지도 못하는 것과 같이 그 방사능을 조절할 수가 없는 것입니다.

그렇다면 방사능은 어떻게 해서 인체에 그토록 큰 피해를 주는 걸까요?

방사능은 인체에 흡수되면, 몸 속에서 알파?베타?감마 등의 방사선을 낳기 때문에 백혈병, 갑상선 암 등 치명적인 타격을 입힙니다.

특히 방사능은 유전자에 의해 후손에까지 그 영향을 미치므로, 태어나면서 불구가 되는 경우가 대부분입니다.

인체 중에서 방사선에 민감하게 반응하는 것은 여러 가지가 있습니다.

백혈구의 경우, 방사선에 심하게 노출되면 이상증가하여 혈액암이라는 백혈병을 일으킵니다. 마리 퀴리 부인도 백혈병으로 사망했습니다. 그리고 연골조직, 뼈, 위 및 간 등은 방사선에 민감하기 때문에 뼈의 조직이 약해져서 자신의 몸을 제대로 가누지 못하는 경우가 많습니다.

또한 세포나 세포핵은 방사선에 가장 민감해서 곧 파괴되기도 합니다.

오늘날에 와서는 이러한 원폭에 관해 연구하면서, 방사선으로 인한 피해가 인류의 가슴속에 깊이 새겨지게 되었습니다.

아직까지는 방사선에 대한 확실한 방어책이 없기 때문에 이 에너지가 확산된 후에는 피할길 없는 심각하고도 연속적인 영향을 줍니다. 더군다나 이 에너지는 암이나 그와 비슷한 증세를 일으키는 잠재적인 위협을 가지고 있으므로 지금도 과학자들은 계속 방사선에 대해 연구?검토하고 있습니다.

방사능에 의한 피해에 대해 많은 연구가 진행되던 중 감자에 방사능을 쏘여 싹나는 것을 막는 법이 발명됐습니다.

감자에 방사선을 쬐어 저장하면 8개월 정도는 저장할 수 있게 된다는 연구결과로 1970년대 이후로는 대부분의 감자에 방사선을 쬐었습니다.

먹는 물건에 방사선을 쬐는 것은 감자뿐만 아니라 양파, 쌀, 밀, 소시지, 밀감 등 여러 가지가 있습니다.

그러나 최근의 연구 결과에 의하면, 음식에 방사선을 쬐는 것은 그 방사선의 양이 얼마되지 않는다 하더라도 결국에는 치명적인 영향을 미친다 해서 선진국에서는 방사선 쐬는 일이 중단되고 있다고 합니다.

오랫동안 저장해서 먹는 것도 좋지만 인체에 나쁜 영향을 준다면 그것은 앞으로 더 많은 연구가 되어져야 하는 것이고, 또 당연히 사용이 중단되어야 합니다.

음식에 방사능을 쬐는 것도 따지고 보면 인간을 위해서인데, 그것이 인간에게 피해를 준다면 다시 생각할 문제입니다. 인간의 생명을 지키는 것은 세상에서 가장 중요한 문제이기 때문입니다.

레이저

레이저는 우리 주변에서 흔히 볼 수 있는 조명용 전등이나 태양에서 방사되는 빛과는 전혀 다릅니다.

레이저 광선이 보통의 광선과 다른 특성으로는 단일한

색으로 이루어져 있어서 더 이상의 분해가 불가능한 것, 광선의 밝기가 무척 크다는 것, 또한 광선의 위상(주기 운동에서의 특정한 위치)이 평행하며 서로 간섭한다는 것 등입니다.

레이저 광선을 가장 쉽게 설명한다면 빛을 모아서 한꺼번에 방출할 수 있는 증폭장치라고 할 수 있겠습니다.

1917년에 아인슈타인은, "적당한 주파수의 빛을 원자에 비추면 그 원자는 잉여의 에너지를 빛으로 방사한다"고 예언한 적이 있습니다. 이 원리를 바탕으로 만들어낸 빛이 레이저 광선입니다.

이 광선이 처음 만들어진 것은 1950년경 터네스와 그의 동료들에 의해서입니다. 그리고 1960년 메이맨은 루비를 사용한 적색 레이저를 실현시켰습니다.

이어서 1965년에는 여러 가지 형태의 레이저가 개발되었고, 1970년 초에 이르러서는 여러 과학 분야 및 산업계에서 레이저가 이용되기 시작하였습니다.

레이저는 그 종류에 따라 파장과 출력이 다르므로, 각 응용분야마다 적절하게 선택하여 사용되고 있습니다.

이들 중에서 대표적인 응용 분야를 들면 다음과 같습니다.

레이저 핵융합 연구

이것은 바닷물 속에 있는 무한한 양의 중수소를 이용하여 핵융합을 일으켜서 에너지 자원을 얻어내려는 연구입니다.

핵융합이 시작되기 위해서는 약 1억도의 높은 온도로 가열하여야 하는데, 이를 위해서 출력이 매우 큰 레이저를 사용합니다. 선진국에서는 이러한 연구가 매우 활발하게 진행되고 있습니다.

입체사진

레이저가 생기기 전에는 아무리 잘 찍은 사진에서라고 해도 물체의 내부는 볼 수가 없었습니다. 그러나 레이저가 가지고 있는 간섭성을 이용하면 투명한 유리상자 속을 보는 것처럼 입체적인 사진이 가능해집니다.

특히 의학에서는 합성홀로그램을 만들어서 두뇌의 내부구조를 입체적으로 관찰할 수 있는 방법도 개발되었습니다. 입체사진은 텔레비전 광고에서도 가끔 볼 수 있는데, 무척 환상적인 느낌을 줍니다.

유형인식

홀로그래피(광선을 이용하여 렌즈 없이 한 장의 사진으로 입체상을 촬영)의 응용의 한 분야로써, 사진 건판에 나타난 영상 중에서, 물체의 위치를 검색하거나 두 사진의 영상의 차이를 알아내는 데에 이용됩니다.

광통신

광섬유를 통하여 통신을 하는데 반도체 레이저가 사용됩니다. 이 방법은 전기통신에 비하여 통신용량이 매우 크고, 잡음이 거의 없다는 장점이 있습니다.

또한 물 속에서 보안유지를 할 수 있는 레이저통신, 인공위성 간의 통신에 이용하기도 합니다.

재료 가공

레이저는 금속, 세라믹 등의 재료가공에 이용됩니다. 이때는 물체를 녹임으로써 가공을 하는 것이므로 경도(물체의 단단하고 무른 정도)가 매우 높은 재료를 가공하는 데에 유리합니다. 경도가 낮은 물질이더라도 가공하는 속도와 정밀도가 매우 크기 때문에 매우 경제적입니다.

가공의 종류에는 절단, 용접, 구멍뚫기 등이 있습니다.

측정 장치

레이저를 이용하여 시간표준, 길이표준을 정하며 또한 속도측정, 거리측정, 입체 형상의 좌표측정 등이 가능합니다. 이것은 앞으로 로봇이나 자동차 기기에 부착되어 볼 수 있는 로봇 개발에 필요한 장치가 될 것입니다.

그러나 만약 공상 과학 영화에서처럼 레이저를 무기화해서 전 인류를 위협한다면, 그것은 차라리 없는 것만 못할 것입니다.

어떤 광선이든 좋은 목적에서 올바로 사용되어야만 인류는 훨씬 안정되고 복된 생활을 할 수 있을 것입니다.

색을 만드는 요술쟁이

2010년 7월 5일 인쇄
2010년 7월 10일 발행
엮은이 대한과학진흥회
펴낸이 신 주 황
펴낸곳 스완미디어
등록 제2-4534호
주소 중구 만리동2가 12-33 태영빌딩
대표전화 02) 393-0026
팩스 02) 312-8349

ISBN 978-89-92565-17-2

값 8,500원
※ 잘못 만들어진 책은 구입하신 곳에서 바꾸어 드립니다